Giorgio Bassani
Erinnerungen des Herzens

W0083865

SERIE PIPER
Band 938

Zu diesem Buch

Giorgio Bassani wurde 1916 in Bologna geboren und wuchs in Ferrara, wo seine Familie herstammt, auf. Jene oberitalienische Stadt, wichtigster Schauplatz seines bis heute unverändert literarisch und zeitgeschichtlich bedeutsamen Werkes, ist zugleich der Ort, an dem Bassani exemplarisch den Niedergang des städtischen Bürgertums Italiens vor dem Zweiten Weltkrieg und die Entwicklung des italienischen Faschismus aufzeigt. Daneben aber symbolisierte Ferrara für Bassani immer Heimat – den Ort der verlorenen Kindheit. Am eindrucksvollsten geschah dies in seinem Roman »Die Gärten der Finzi-Contini«, der bald nach seiner Entstehung 1960 weltberühmt und von Vittorio De Sica verfilmt wurde.

Der vorliegende Band veranschaulicht anhand von Gedichten, Briefen, Tagebuchaufzeichnungen und Selbstzeugnissen sowie Erläuterungen zu Bassanis Werk und dessen politisch-geschichtlicher Einordnung die bleibende Bedeutung des Schriftstellers. Ergänzend dazu versuchen die zahlreichen Photos jenen poetischen Reiz zu vermitteln, den die Stadt Ferrara bis heute auf Bassani ausübt.

Eine Vielzahl der Beiträge wurde für diesen Band erstmals ins Deutsche übersetzt.

Eberhard Schmidt, geboren 1939 in Berlin. Studium der Germanistik, Geschichte, Politikwissenschaft und Soziologie in Bonn, Tübingen, Frankfurt am Main und Marburg. Tätigkeiten im politischen Journalismus. Seit 1974 Professor für Politikwissenschaft an der Universität Oldenburg. Zahlreiche Veröffentlichungen zu Geschichte und Politik der Bundesrepublik und zu ökologischen Themen.

Giorgio Bassani

Erinnerungen des Herzens

Mit Texten von Giulio Cattaneo, Paolo Ravenna
und Eberhard Schmidt

Herausgegeben von Eberhard Schmidt

Mit 13 Abbildungen

Piper
München Zürich

Von Giorgio Bassani liegen in der Serie Piper vor:
Die Gärten der Finzi-Contini (314)
Hinter der Tür (386)
Die Brille mit dem Goldrand (417)
Ferrareser Geschichten (430)
Der Reiher (630)
Der Geruch von Heu (693)

ISBN 3-492-10938-1
Originalausgabe
Februar 1991
© R. Piper GmbH & Co. KG, München 1991
Umschlag: Federico Luci
Umschlagphoto: Isolde Ohlbaum
Gesamtherstellung: Clausen & Bosse, Leck
Printed in Germany

FÜR INGELORE

Inhalt

Das Werk

Anhang

Das Leben

Rolls Royce

Subito dopo aver chiuso gli occhi per sempre
eccomi ancora una volta chissà come a riattraversare Ferrara in
macchina
– una grossa berlina metallizzata di marca
straniera dai grandi
cupi cristalli forse una
Rolls –
a scendere ancora una volta dal castello Estense giù per corso
Giovecca verso il roseo
ghirigoro terminale della Prospettiva che intanto piano
piano si faceva grande entro il concavo
rettangolo del parabrise

Lo chauffeur d'alta e dura collottola seduto a dritta davanti
certo lo sapeva molto bene da che parte dirigersi né io d'altronde
mi sognavo minimamente
di rammentarglielo
ansioso com'ero di riconoscere sulla sinistra la chiesa
di San Carlo più in là a destra quella dei Teatini
a lei di contro già fermi così di buon'ora in crocchio sul marciapiede
dinanzi alla pasticceria
Folchini
gli amici di mio padre quando lui era giovane
i più con larghe lobbie bige in capo alcuni con tanto di mazza
dal pomo d'argento in pugno
ansioso anzi smanioso com'ero insomma di ripercorrere l'intera
Main
Street della mia città in un giorno qualsiasi di maggio-giugno
attorno alla metà degli anni Venti un quarto d'ora avanti
le nove di mattina

Quasi sospinta dal suo stesso soffio lussuoso infine la Rolls svoltava
laggiù per via Madama e di lì a poco in via
Cisterna del Follo
e a questo punto ero io non più che decenne

Rolls Royce

Gleich nachdem ich die Augen für immer geschlossen habe
werde ich noch einmal weiß der Himmel wie Ferrara im Auto
durchkreuzen
– in einer großen metallicfarbenen Limousine
ausländischer Provenienz mit mächtigen dunklen
Fenstern vielleicht ein
Rolls –
werde ich einmal noch vom Schloß der Este über den Corso
Giovecca hinunterfahren zum rosafarbenen Kreisverkehr
am Ende der Prospettiva die indessen immer größer und
größer wird
im gewölbten Rechteck der Windschutzscheibe

Der Chauffeur mit dem hohen und steifen Stehkragen
wußte gewiß in welche Richtung er zu fahren hatte
und ich dachte nicht im Traum daran
ihn darauf hinzuweisen
ungeduldig wie ich war auf der Linken die Kirche
von San Carlo und dann weiter zur Rechten
die Theatinerkirche wiederzuerkennen
und ihr gegenüber so früh schon am Tag
auf dem Trottoir vor der Konditorei
Folchini
den Zirkel der Freunde meines Vaters als er jung war
die meisten mit breitkrempigen grauen Hüten auf dem Kopf
einige mit auffallenden Spazierstöcken mit Silberknauf in der Hand
ungeduldig ja süchtig wie ich es wirklich war die ganze
Main Street meiner Stadt an irgendeinem Mai- oder Junitag
wieder abzufahren etwa Mitte der zwanziger Jahre morgens
ein Viertel vor neun

Gestoßen fast vom eigenen Luxushauch bog der Rolls
schließlich in die Via Madama ein und von dort bald
in die Via Cisterna del Follo
und an dieser Stelle war ich nur noch zehn Jahre alt

le guance di fuoco per il timore d'arrivar tardi a scuola
a uscire in quel preciso istante coi libri sottobraccio
dal portone numero uno
ero io che pur continuando a correre mi giravo indietro
verso la mamma spenzolata dalla finestra di sopra a
raccomandarmi qualcosa
ero io proprio io che un attimo prima di sparire
alla vista di lei ragazza dietro l'angolo
levavo il braccio sinistro in un gesto
d'insofferenza e insieme
d'addio

Avrei voluto gridare alt al rigido
chauffeur e scendere ma la Rolls
sobbalzando mollemente già lungheggiava
il Montagnone anzi ormai fuori
Porta già volava per strade ampie deserte
prive affatto di tetti ai lati e affatto
sconosciute

die Wangen feuerrot aus Angst zu spät in die Schule zu kommen
ich war es der in diesem bestimmten Augenblick mit den Büchern
unterm Arm
aus der Hausnummer eins
kam ich war es der im vollen Lauf mich umdrehte
der Mutter zu die in einem Fenster des oberen Stockwerks hing
mir irgend etwas zurief einen guten Rat
ich war es ja ich der einen Augenblick
bevor ich ihrem Mädchenblick entschwand hinter der Ecke
den linken Arm hob zu einer Geste aus
Ungeduld und Abschied

Wie gerne hätte ich dem steifen Chauffeur
ein Halt zugerufen wäre ausgestiegen
aber der Rolls sanft federnd fuhr schon
den Montagnone
entlang nein schon durch die Porta hinaus
flog schon dahin
durch weite verlassene Straßen
auf deren Seiten
keine Dächer mehr
und die ganz unbekannt waren

Giorgio Bassani
Auskünfte über mich

1

Ich gehörte einer jüdischen Familie des städtischen Großbürgertums an. Mein Vater war Arzt für Frauenheilkunde, hat aber nie praktiziert. Meine Mutter studierte als Mädchen Gesang. Sie hätte vielleicht den Beruf einer Sängerin ergreifen können, doch das Schicksal wollte es anders. Sie verliebte sich mit zwanzig in meinen Vater und heiratete ihn auf der Stelle. Von meinen Großvätern war der eine ein reicher Textilhändler mit einem Ladengeschäft oder vielmehr Kaufhaus in der Via Vignatagliata, dem Herzen des ehemaligen Ghettos. Der Großvater mütterlicherseits war ebenfalls Mediziner und wirkte vierzig Jahre lang als Chefarzt am Hauptkrankenhaus Sant' Anna. Elia Corcos, der Protagonist in *Der Spaziergang vor dem Abendessen (La passeggiata prima di cena)*, ist diesem Großvater mütterlicherseits, Cesare Minerbi, nachempfunden. Über meinen Textilhändler-Großvater habe ich noch nie etwas geschrieben. Und doch ist vielleicht er der für mich wichtigere Großvater gewesen, der, den ich länger und gründlicher kannte. Wir lebten alle miteinander im selben großen Haus in der Via Cisterna del Follo, auf verschiedenen Etagen. Großvater Davide war im Kreis der kleinen jüdisch-ferraresischen Gesellschaft jener Tage ein hochgeachteter und einflußreicher Herr.

2

Das Ferrara, über das ich geschrieben habe, ist ausschließlich das Ferrara aus der Zeit des Faschismus. Soweit ich mich erinnere, war die Stadt dem Regime treu ergeben, so daß die wenigen Nichtfaschisten eine Randgruppe bildeten, die mit den anderen, der Mehrheit, nicht in Berührung kam. Selbst die Ferrareser Juden, die in so großer Zahl in den nazistischen Gaskammern umkommen sollten, waren zum großen Teil Faschisten. Der bis Mitte der dreißiger Jahre amtierende Bürgermeister von Ferrara war Jude, zugleich aber ein enger Freund von Italo Balbo[1]. Ja, leider. Die wahre Tragödie der Ferrareser Juden und eines sehr großen Teils der italienischen Juden überhaupt bestand darin, daß sie als Bürgertum sich zuerst mit dem Faschismus einließen und dann, ohne eigentlich zu wissen, warum, spurlos in den nazistischen Vernichtungslagern verschwanden. Was mich betrifft, so gehörte ich, wie gesagt, einer privilegierten Familie an, die wie viele andere, wie fast alle jüdischen und katholischen Familien des städtischen Bürgertums, faschistisch gesinnt war. Ich verlebte eine Jugend, wie man sie sich nicht glücklicher vorstellen kann, in einem prächtigen Haus, innerhalb dessen Mauern sich alle von Herzen zugetan waren; daher bemerkte ich erst reichlich spät die Abgründe der Ungerechtigkeit, die mich umgaben. Hüten wir uns jedoch vor Mißverständnissen: Es war nicht so, daß die Landbevölkerung, die in die öden Landstriche zwischen Ferrara und dem Meer verbannt war, über ihre Lage geklagt hätte. Die sogenannten »vilàn« oder »zabiàn« ertrugen ihr Los, ohne zu murren; genauso wie bis zur Ära Buchenwald die afrikanischen Neger unterwürfig den kolonialen Rassismus ertragen haben. Auch ich hatte, jedenfalls als Kind, nichts Rebellisches an mir. Da ich gutmütig veranlagt war, hegte ich eine tiefe, natürliche Sympathie nicht nur für die Bauern (meine Großmutter mütterlicherseits, Emma Marchi, war im Grunde ihres Wesens eine Bäuerin und sprach fast immer Dialekt), sondern für arme Menschen überhaupt.

3

Ich machte mein Abitur im Juli 1934. Vom darauffolgenden Herbst an hörte ich Literatur an der Universität von Bologna. Ich bestieg jeden Morgen den Zug, der in meiner allerersten Erzählung mit dem Titel *Dritter Klasse (Terza classe)* vorkommt, und an den ich mich viele Jahre danach, 1957, beim Schreiben von *Die Brille mit dem Goldrand (Gli occhiali d'oro)* wieder erinnerte. Zuvor hatte ich von zeitgenössischer italienischer Literatur nichts oder so gut wie nichts gelesen. Ich hatte jedoch gerade in diesen Monaten das Glück, oft bei Giuseppe Ravegnani, dem damals neben Nello Quilici berühmtesten Literaten Ferraras, zu Gast zu sein. Ravegnani besaß eine wundervolle Bibliothek, die auch viele italienische Neuerscheinungen enthielt. Ich glaube, daß er es war, der mir unter anderem mehrere Bücher zu lesen gab, die damals in Florenz herausgekommen waren: Bücher von Alessandro Bonsanti, Arturo Loria, Tommaso Landolfi etc., sowie die *Anthologie der italienischen Literatur im 20. Jahrhundert (Antologia della letteratura italiana del 900)* von Papini und Pancrazi. An meine Erzählung *Dritter Klasse*, die ich bis heute nie mehr gelesen habe, erinnere ich mich nur noch undeutlich. Trotzdem habe ich den Eindruck, daß man darin die Spuren dieser ersten Lesefrüchte, das unerläßliche Fingerspitzengefühl für literarischen Wert, das sie mir als Anfänger vermittelten, entdecken kann.

4

Das Bologna, das ich vom Herbst 1934 an bis, sagen wir, 1943 regelmäßig besuchte, war nicht nur Sitz der Universität, in deren philosophischer Fakultät ich mich immatrikuliert hatte, sondern auch Brutstätte einer Literatur, Standort einer literarischen Schule. Bologna bedeutete Riccardo Bacchelli, bedeutete Leo Longanesi, der ebendort jahrelang *L'italiano*, eine ideologisch dem Faschismus nahestehende, wenn nicht direkt faschistische (freilich noch nicht in der europäischen Ausprägung des 20. Jahrhunderts) Zeitschrift geleitet hatte, bedeutete Giuseppe Raimondi und Giorgio Morandi. Kurz und gut, es gibt keinen Zweifel: Die literarische Schule von Bologna hat, besonders durch ihre Verbindung mit den französischen Klassikern der zweiten Hälfte des 19. Jahrhunderts, mit Flaubert, Renard, Maupassant, Zola etc., meine Entwicklung beeinflußt. Skeptisch, auf elegante Weise zynisch, selbstbewußt regionalistisch und formalistisch, wie sie waren, haben mir die alten Literaten von Bologna ganz sicher einiges beigebracht. Andererseits darf nicht übersehen werden, daß ich damals einer kleinen Gruppe von jungen Leuten angehörte, die mit der literarischen Schule von Bologna nicht viel zu tun hatte. Wir bewunderten selbstverständlich Bacchelli, Longanesi, Vincenzo Cardarelli, der Bologna einige Jahre zuvor den Rücken gekehrt hatte, aber wir bewunderten auch Raimondi, der am Ort verblieben war, um das literarische Erbe von *La Ronda* zu betreuen. Allerdings hatte unsere Bewunderung, wie ich versichern kann, nichts Sklavisches an sich. Da wir alle nach neuen Ausdrucksformen der realistischen Darstellung forschten, betrachteten wir uns als verschieden; nicht nur verschieden von ihnen, den alten Literaten von Bologna, sondern auch von den literarischen Zirkeln von Florenz, die binnen kurzem die sogenannte hermetische Bewegung ins Leben rufen sollten. Zu unserer Gruppe gehörten die Brüder Francesco und Gaetano Arcangeli, Antonio Rinaldi, Franco Giovanelli, Augusto Frassineti und irgendwie auch der schon etwas ältere und literarisch erfahrenere Attilio Bertolucci aus Parma.

Alle Erzählungen und sonstigen Schriften, die ich von 1935 bis Ende 1937 schrieb und später zum großen Teil in dem 1940 auf eigene Kosten gedruckten Band *Eine Stadt in der Ebene (Una città di pianura)* vereinigte, haben also Bologna als Hintergrund. Doch damit ist nicht alles gesagt. Man könnte eine Erzählung wie *Ein Konzert (Un concerto)*, die ich 1937 in der Zeitschrift *Letteratura* von Alessandro Bonsanti veröffentlichte und später dem Band *Eine Stadt in der Ebene* einverleibte, nicht verstehen, ohne die beiden seit Ende 1935 in Ferrara lebenden jungen Schriftsteller Claudio Varese und Giuseppe Dessì zu berücksichtigen, die beide aus Sardinien stammten und beide die Scuola Normale von Pisa absolviert hatten. Es war seitens der Kritik oft von meiner literarischen Verpflichtung Proust gegenüber die Rede. Ich stimme dem nicht ganz zu. Mehr als von Proust, in dessen Werke ich mich kurz darauf versenken sollte, ist *Un concerto* von dem Roman *San Silvano* beeinflußt, den Giuseppe Dessì, für den er den Durchbruch bedeutete, in jenen Jahren schrieb und mir in eigener Person fast jeden Tag, Seite um Seite, vorzulesen pflegte. Immerhin, wenn auch *Un concerto* heute beim Wiederlesen ziemlich naiv, auch voll von literarischen Echos anmutet, so stellt die Erzählung meines Erachtens doch einen bedeutsamen Ausgangspunkt dar. In ihr versuchte ich zum erstenmal, ein Ferrara aufzuzeigen, das nicht durch die Brille D'Annunzios, nicht mythologisch gesehen war. Freilich nannte ich Ferrara noch nicht Ferrara, sondern F. (als später Nachfahre des 19. Jahrhunderts wollte ich

Realist, aber nicht Regionalist sein). Es lag mir fern, mich bei diesen jugendlichen Gehversuchen ernstlich auf Historisches einzulassen. Und dennoch, ich wiederhole es, hat die Erzählung eine eigene Bedeutung, besonders im Hinblick auf mein späteres Schaffen.

5

Meine Begegnung mit Carlo Ludovico Ragghianti fand, wenn ich mich nicht irre, 1937 in Bologna statt. Sie bedeutete für mich ungeheuer viel. Aus dem jungen Literaten, der ich war, verwandelte sie mich binnen kurzer Zeit in einen politischen Untergrundaktivisten, der sich von allen literarischen Freundschaften sowohl in Ferrara als auch in Bologna losriß. Der einzige Gefährte auf dem Weg in diesen neuen Lebensabschnitt war Antonio Rinaldi. Miteinander schwänzten wir, wenigstens zeitweilig, die Vorlesungen von Roberto Longhi ebenso wie die Privatzusammenkünfte bei Giuseppe Raimondi. Was mich betrifft, so zählten die Jahre von 1937 bis 1943, die ich fast ausschließlich der antifaschistischen Untergrundarbeit widmete (ich begann mit dem Schreiben erst wieder im Sommer 1942, mit der Niederschrift der Gedichte, die ich später, 1945, in dem Bändchen *Storie dei poveri amanti* veröffentlichte), zu den schönsten und intensivsten meines Lebens. Sie retteten mich vor der Verzweiflung, der so viele italienische Juden einschließlich meines Vaters anheimfielen, gaben mir die Zuversicht, ganz auf der Seite der Gerechtigkeit und Wahrheit zu stehen, und brachten mich vor allem davon ab auszuwandern. Ohne diese mich prägenden Jahre wäre ich wahrscheinlich nie ein Schriftsteller geworden.

6

O ja, gewiß, um die Tische des »Giubbe rosse«[2] saßen zum überwiegenden Teil Antifaschisten. Um dessen sicher zu sein, brauche ich nur an die sorgenschweren und doch auch heiteren, sardonischen Gesichter von Montale und Gadda zurückzudenken, die damals in diesem öffentlichen Lokal den Ton angaben. Trotzdem: Die Frage, ob im »Giubbe rosse«, wo der Name Benedetto Croce tabu war, aktiver Antifaschismus aus dem Untergrund betrieben wurde, möchte ich eigentlich verneinen. Nach 1937 hätte ich meine Freunde Calogero, Codignola, Luporini, Capitini etc., die in Umtriebe verstrickt waren, aus denen innerhalb einiger Jahre die Aktionspartei hervorgehen sollte, dort vergeblich gesucht. Das, was man unter reiner, absoluter Literatur versteht, kann in Zeiten einer Diktatur, gleichgültig ob von rechts oder links, zweifellos eine Bedeutung gewinnen, die, wenn nicht den Umsturz, so doch den Widerspruch, den Widerstand begünstigt. Nonkonformismus wirkt immer, wirkt unter allen Umständen. So sei er willkommen! Auch er legt Zeugnis ab vom Andersdenken, das heißt von dem als einziger Wirklichkeit verstandenen Geist, durch den sich jegliche Diktatur wohl oder übel bedroht fühlen muß. Noch ehe die Freiheit zum politischen System wird, ist sie Glaube und Religion, ist sie gebunden wie das Christentum an das Individuum, an die Person. Das Wesentliche ist, an sie zu glauben, gleichgültig, ob nur lau, ob ironisch verbrämt, ob einmal mehr und einmal weniger. Ich allerdings ging in diesen Jahren andere Wege, die mit der reinen, absoluten Literatur nichts mehr gemein hatten.

7

Im Lauf dieser für mich schicksalhaften Jahre von, ich wiederhole, 1937 bis 1943 trennte ich mich völlig von meiner Familie, von meiner Stadt; ich war gewissermaßen allem, was mich bis dahin umgeben hatte, fremd geworden, einschließlich meiner Freunde aus Bologna und Sardinien, von denen vorhin die Rede war. Zu meiner Familie und meinen Jugendfreunden fand ich zwar zurück, aber erst später, viel später, als ich über sie zu schreiben begonnen hatte. War es nicht schicksalhaft, wie sich alles zutrug? Muß man nicht immer wieder sterben, um Künstler zu werden, sterben, um wiedergeboren zu werden?

1 Italo Balbo (1896–1940), einer der Organisatoren des Marschs auf Rom (1922), mit dem Mussolini die Macht erlangte, faschistisches Idol von Ferrara, später Luftmarschall unter Mussolini.
2 »Giubbe rosse«, berühmtes Café in Florenz, schon in der Zeit des Risorgimento Treffpunkt der revolutionären Literaten.

Giorgio Bassani
Briefe aus dem Gefängnis (1943)

1

Meine Lieben, verzeiht, wenn ich Euch in Eile nur ein paar Zeilen schreibe; aber ich habe gerade Valeria [1] geschrieben, die Zeit verflog, und jetzt muß die Post aufgegeben werden. Es geht mir gut, ich bin ruhig und gelassen. Das Essen, das Ihr mir schickt, hat mir wieder zu Kraft und Wohlbefinden verholfen. Vielen Dank auch an Jenny [2], vermutlich ist sie es, die es mir jeden Morgen bringt. Ich kann nur sagen, daß die Tintenfische von gestern köstlich geschmeckt haben. Wer zum Teufel hat der häuslichen Küche ein solches Feinschmeckerrezept verraten? Sie schmeckten wahrhaftig nach Meer, der Sonne des Meeres, der Salzluft des Meeres. Und dies waren von den Entbehrungen des armen Sträflings beileibe nicht die, welche er am leichtesten verschmerzen konnte. Schickt mir doch bitte noch ein Stück Seife! Bis jetzt ist es mir gelungen, mich einigermaßen sauber zu halten. Nur die Flöhe, o Schreck! Ich spüre, wie sie in meiner Beinbehaarung herumspazieren; keine Angst, ich erwische schon keinen. Auch beißen sie sanft und rücksichtsvoll, sie sind eben Leute vom Fach. Eigentlich sind sie ganz erträglich.

2

Meine Lieben, endlich kann ich Euch schreiben. Die Sache mit der Post ist hier sehr verzwickt. Man muß sich für den folgenden Tag die Briefe und Briefmarken vormerken lassen und wird oft trotzdem vergessen. Ich bin erst seit kurzem hinter die bürokratischen Schliche gekommen, die diese Dinge regeln, weil niemand einem etwas erklärt und man seine eigenen Erfahrungen machen muß. Das Essen, das Ihr mir schickt, hat mich rasch wieder auf die Beine gebracht. Der Wein, in den ich in den ersten Tagen das Brot eintunken mußte, hatte mir Magen und Darm heillos durcheinandergebracht. Jetzt ist alles wieder in Ordnung. Ich muß daher Ines – ihr hab' ich's wohl zu verdanken – mein höchstes Lob spenden wegen ihrer Koch- und Heilkunst in einem. Sagt ihr aber, sie möge mir leichte Nahrung zubereiten (Bouillon mit Einlage oder Gemüsesuppe öfter als feste Kost), und nichts in Mengen. Ich rühre mich den lieben langen Tag nicht von der Stelle, und die Verdauung ist dementsprechend schlecht (abends möchte ich fast gar nichts essen). Willkommen ist mir Süßes, besonders die köstlichen Erdbeeren, die Ihr mir schickt. Ich habe, da Ihr mich mit Milch versorgt, aufgehört, mir hier welche zu kaufen. Doch heute morgen war die Milch, die ich mir von gestern aufgehoben hatte, schon sauer geworden. Was soll ich machen? Tagsüber kann ich die Milch nicht gebrauchen, und am Morgen kommt der Nachschub (durch Jenny oder gar Valeria, die womöglich zu Hause ist?) zu spät, wie es sich ja von selbst versteht.

Aber das sind alles keine echten Probleme. Ich bin ruhig, wenn auch zu gewissen Tageszeiten die Einsamkeit auf mir lastet, besonders gegen Abend. Ich gäbe weiß Gott was darum, wenn ich den Morgenspaziergang gegen sieben Uhr abends machen könnte. Dies ist die Stunde, zu der, nachdem ich tagsüber gelesen, vor mich hingebrummelt und auch geraucht habe, die Erinnerung an das Gras draußen im Freien, an die Radfahrerkolonnen entlang dem Corso Giovecca und an manches andere mich am meisten anrührt. Ansonsten geht es mir gut, es ist mir nicht einmal langweilig. Ich besorgte mir eine Anzahl Bücher, sogar eines von Momigliano[3]; die muß ich mir jetzt gut einteilen. Freilich, wenn ich die haben könnte, die mir zu bringen ich Euch in meinem vorigen Brief gebeten habe, dann hätte ich das Gefühl, die ganze kostbare Zeit noch besser zu nutzen.

Ich wußte nicht (das heißt, im Grunde wußte ich's doch), daß die Königlichen Gefängnisse so voll von netten Leuten sind. Unter den Kerkermeistern und gewöhnlichen Verbrechern gibt es Seelen von Menschen; wir verkehren miteinander, wie man es nicht besser könnte, mit größter Sympathie und Kameradschaftlichkeit. Man könnte meinen, sie wären hier, gerade weil sie so patente Leute sind; der berühmte Dschungel jedenfalls ist eher draußen. Von einigen Wanzen und dem Latrinengestank abgesehen, könnte man den Bau an der Via Piangipane mit einem Internat für überalterte Knaben verwechseln. Ich schlafe nachts brav und folgsam meine zwölf Stunden und würde noch länger schlafen, wenn man mich ließe. Ich kann Euch sagen: Wenn nicht der liebe Gott und auch Valeria ein Wörtchen mitzureden hätten, ich wäre ein geborener Mönch. *Comme on s'ignore!* Und wenn man bedenkt, welche Vorstellung ich einmal von mir hatte.

3

Meine Lieben, hier bin ich endlich wieder, nachdem ich mich eine Woche vergeblich bemüht habe. Aber heute bin ich so müde, daß dieser Brief nicht sehr lang sein wird. Ich habe von der Sache mit Papa erfahren und bin froh, daß alles so gut verlaufen ist. Hoffentlich gibt's bald wieder das Essen von zu Hause. Im übrigen geht es mir gut. Ich erhielt einen langen Brief von Mama und Papa, der mich sehr gefreut hat. Wer weiß, wann wir uns wiedersehen. Hauptsache, die Zeit vergeht. Ich brauche ein Nachthemd.

4

Meine Lieben, heute habe ich mehr Zeit und Ruhe zum Schreiben. Der Donnerstagvormittag war ziemlich anstrengend, und da die Zeit zum Briefeschreiben auf den frühen Nachmittag beschränkt ist, wurde es mir einfach zuviel. Dann kam wieder das Essen von zu Hause, und schon geht's aufwärts. Nicht daß die Gefängniskost ungenießbar wäre, weit gefehlt! In letzter Zeit hatte ich mich sogar daran gewöhnt. Aber sie ist immer gleich, immer die gleiche Suppe und die gleiche Milch. Mit der Zeit hängt sie einem zum Hals heraus, und manchmal stillt sie nicht einmal den Hunger. Das Essen von zu Hause, das zudem mit so viel Liebe zubereitet ist, bedeutet mir außerordentlich viel, um so mehr, als es den Rahmen des nur Materiellen sprengt; man ersieht daraus, daß in der Tiefe der Not die Annehmlichkeiten und kleinen Freuden des Lebens, so nichtig und vergänglich sie sind, einen echten spirituellen Wert gewinnen können. Wie sollte es mit dem, was ich von Euch bekomme, anders sein? Erinnert es mich doch an daheim und an die Menschen, die mich lieben. Die Tage vergehen langsam, aber nicht mehr in dem nervenzerrüttenden Rhythmus der ersten Zeit; nur allzu jäh und schroff war ich aus dem tätigen Leben herausgerissen worden. Jetzt stelle ich mich allmählich auf eine Daseinsform um, in der das kleinste Ereignis um mich herum eine Art Widerhall oder Echo erzeugt: einen flüchtigen Klang inmitten des großen Schweigens. Der Tag füllt sich mit spärlichen Begebenheiten, die endlose Träumereien und abenteuerliche Spekulationen auslösen. Am Abend schlummere ich gewöhnlich gegen neun Uhr ein und schlafe dann durch bis zum Wecken am nächsten Morgen. Tagsüber, wenn nicht mit anderem beschäftigt, lese ich, lese ich unentwegt. Ich lese wieder einmal Dante, Manzoni und ein paar andere Klassiker. Dann habe ich *Gil Blas* von Lesage entdeckt, eine Art Romanzyklus des 18. Jahrhunderts, den ich ebenso unterhaltsam finde wie früher einmal Dumas. In meinem Brief, der Euch nicht erreichte, bat ich Euch, mir einige literarkritische Bücher aus meinem Arbeitszimmer zu schicken, in der Hoffnung, dies wäre möglich. Es wäre mir sehr zustatten gekommen, die in letzter Zeit begonnene Lektüre fortsetzen zu können.

Heute habe ich Valeria nicht geschrieben, weil man mir nur einen einzigen Brief genehmigt hat. Schickt diesen Brief an sie weiter und kümmert Euch um mein armes, unglückliches Mädchen! Ich habe ihre letzten Briefe erhalten, sie haben mir sehr wohlgetan. Sie wird sehr allein sein in Bologna; versucht doch, ihr nahe zu sein! Wenn Mama einen kurzen Tapetenwechsel vornimmt, könnte sie Valeria überreden, ein paar ruhige Tage am Meer zu verbringen. Das würde ihr auf alle Fälle guttun und wäre auch für mich ein Grund zur Freude. Was sagt Papa zu der Via Piangipane?

5

Meine Lieben, es klingt sonderbar, aber von mir gibt es nichts zu erzählen. Das Leben hier zeichnet sich nicht durch Abwechslung oder Ereignisfülle aus, und auch von meinem Innenleben gibt es nichts Neues oder Interessantes zu berichten. Ich bin ruhig und unbeschwert, gewissermaßen sogar gleichgültig, vielleicht weil ich noch immer von äußerer Not und Bedrängnis verschont bin, dank all Eurer Mühen, die (ich schmeichle nicht, weil mir das nicht liegt) ich nie vergessen werde. So weit, so gut. Ich würde allerdings gern etwas vom Leben draußen erfahren. Wie es meinen Schülern im Examen ergangen ist, ob Jenny immer noch zeichnet, ob es Papa und Mama gut geht, was Paolo[4] macht. Ich habe große Sehnsucht nach Euch. Wer weiß, vielleicht sehen wir uns bald wieder.

P. S.: Ich brauche keine Spezialkost. Wie ich schon sagte, bevorzuge ich Suppen, weil sie leichter sind, aber das soll nicht heißen, daß man für mich immer extra kochen muß. Habt Ihr mich verstanden? Sehr gemundet hat mir die Süßspeise, der Fladen und das übrige. Alles köstlich, ich komme mir vor wie im Himmel…

6

Lieber Papa, auch für meinen Geschmack wirkt eine Trauung hinter Gittern ein bißchen wie ein Schauspiel von Sardou, aber ich bin dennoch froh, daß sie stattfindet. Zum Heiraten ist es, glaube ich, Zeit für mich. Und wenn ich, um Valeria kurz zu sehen, eine kleine Verrücktheit in Kauf nehmen muß, um so besser. Die späteren Enkel – vorausgesetzt, es gibt welche, da man sich hinter Gittern zwar verheiraten, aber nicht fortpflanzen kann und meine Zellentür sich wohl nicht so bald öffnen wird – werden über die Liebe ihrer Großeltern vor Rührung weinen. O weh, armer Yorick! Immerhin, denke Du bitte an die Papiere und was man sonst noch braucht! Ich glaube, vor dem Abschluß der Verhöre läßt sich sowieso nichts machen. Aber sieh mal zu! Wie geht es Dir übrigens? Als Du hier warst, machte ich mir große Sorgen um Deinen Magen. Als Du wieder fortgingst an jenem famosen Abend (die Szene mit dem kleinen Boot hatte mir wenige Stunden zuvor der Kommissar erzählt), empfand ich – ich kann es Dir nicht verhehlen – neben der großen Freude auch ein bißchen Schmerz. Der Gedanke, daß Du hier warst, leistete mir noch länger Gesellschaft. Der, daß Du dann gleich zu Hause sein würdest, verursachte mir einen Anflug von Neid. Etwas steht jedenfalls fest: Auch diesmal werde ich nicht sagen können, ich hätte etwas empfunden, was Du nicht empfunden hast. Auch diesmal werde ich Dir nicht den Mund stopfen können. Ich habe eben kein Glück, Du mußt es zugeben…

Liebe Mama, Deine Briefe haben mich sehr gefreut. Ich höre auch von Valeria, daß Du wieder zu Kräften kommst; das ist das schönste Geschenk, das Du mir machen kannst. Vielen Dank für die Leckerbissen, die Du mir schickst. Alles ist erstklassig, überall war eine Meisterhand am Werk. Dieser Tage las ich wieder einmal *Krieg und Frieden*, und unwillkürlich dachte ich beim Umblättern der Seiten an Dich. Zweifellos ist in den vertrauten Szenen dieses großen Buches etwas von Deinem Wesen lebendig. Tolstois Art, sich über seinen finster dreinblickenden Napoleon lustig zu machen, sie ist ein bißchen wie die Deine; das gleiche urwüchsige Temperament, das Papa, dem es mehr um die historische Objektivität zu tun ist, so auf die Nerven geht. Jedenfalls bist Du eine großartige Frau, mit Qualitäten in Hülle und Fülle. Und bist Du nicht auch ein bißchen schuld daran, daß ich mich für Valeria entschieden habe?

8

Liebe Jenny, wer gut zeichnen will, muß sehr böse sein, denk daran! Man muß die Welt demontieren, um sie dann Stück für Stück wieder aufzubauen, mit unendlicher Geduld, erst nachträglich wird Güte zu einem Verdienst. Longanesi ist gut (welchen Ausdruck haben seine Augen!), aber an seiner Güte ist etwas faul. Laß den Mut nicht sinken! Danke für die Aufklebeschildchen; die für den Milchkaffee fallen ab, weil ich die Flasche kalt stelle.

9

Lieber Papa, gestern erreichte mich Dein Brief vom 22. Auch mir erschien es besser, den Termin der geplanten Trauung sine die zu verschieben, sobald mich der Kommissar von Deinem Schritt und den Schwierigkeiten unterrichtete, auf die Du gestoßen bist. Da kann man eben nichts machen. Vielleicht ist es auch besser so. Meine Lage hängt noch derart in der Luft, daß mir die nötige Seelenruhe fehlen würde, um an etwas anderes zu denken. Es tut mir nur um Valeria leid; eine Feier, die sie für immer an mich binden und ihr ein eindeutiges Gefühl unserer Zusammengehörigkeit trotz Trennung geben würde, hätte sie getröstet, ganz zu schweigen von den Rechtsvorteilen, die ihr vielleicht aus dem Ehestand erwachsen wären. Doch auch sie wird sich abfinden und gedulden müssen. Sprich Du mit ihr! Ich kann ihr nicht vor Montag schreiben, weil ich nicht mehr als zwei Briefe in der Woche schreiben darf, und auch die nicht auf einmal.

Ich höre von Dir und Mama, daß Dein Herz manchmal stolpert und beim Steigen streiken will. Du schiebst die Schuld dafür auf die Aufregungen, und da hast Du sicher recht. Ich ahne schon jetzt, daß auch mich, wenn ich einmal sechzig bin, dieses Leiden befallen wird, sofern ich nicht mein Leben und meine Lebensauffassung ändere. Ich glaube, daß Großvater Cesare vielleicht das Geheimnis des ewigen Lebens entdeckt hat: Es besteht darin, sich Aufregungen vom Hals zu halten. Natürlich setzen auch ihm Aufregungen zu, aber er meidet sie nach Möglichkeit. Uns dagegen bedeuten die Aufregungen alles. Was wären wir ohne Aufregungen? Lieber gleich tot, wenigstens was mich betrifft. Was uns beide am Leben erhält, verzehrt uns zugleich. Ich meine, wir haben etwas von der unglücklichen Natur der Dichter an uns, nichts als Empfindsamkeit und inneres Ringen. Großvater gleicht eher den Philosophen, die in der Distanz, der Abkehr, der metaphysischen Ruhe leben.

10

Liebe Mama, ich höre zu meinem Bedauern, daß Du meinetwegen auf Deinen Aufenthalt am Meer verzichten willst. Zehn Tage Sonne und Salzluft würden Dir bestimmt guttun. Du mußt nämlich wissen, daß ich einen Großteil unserer Krankheiten und Leiden der Tatsache zuschreibe, daß wir dem Meer untreu geworden sind. »Oho!« höre ich Papa unter Hinweis auf das Bankkonto rufen. Aber da ist nichts zu machen, recht habe ich doch. Also überleg Dir's! Mit dem Essen, das Du mir schickst, klappt es vorzüglich. Ich weiß allerdings nicht, wie ich die Milch für den Abend frisch halten soll. Ich kann sie kalt stellen, wie ich will, sie wird fast immer schlecht. Armer Minòn: ich fürchte, wir werden uns nie wiedersehen. Aber meiner Magnolie geht es doch gut, nicht wahr? Gießt sie nur recht fleißig, auch wenn es allem Anschein nach einen regnerischen Sommer geben wird…

11

Liebe Jenny, laß Cattabriga sein! Zeichne fleißig weiter, bis wir einmal miteinander nach Mailand fahren können. Mittlerweile lerne zu lesen und zu sehen! Studiere die Zeichnungen und Bilder von Carrà, von Morandi und von allen französischen Impressionisten! Ich schreibe Dir bald ausführlicher.

12

Meine Lieben, ich habe von Euch viele Briefe bekommen, die ich bis jetzt noch nicht erwidern konnte, sosehr ich auch Lust dazu hatte. Ich meine besonders einen schönen und lieben Brief von Paolo, den ich so bald wie möglich beantworten werde. Es war auch ein Brief von Mama dabei, ich meine nicht den »lyrischen«, der eigentlich gar nicht zu ihr paßt, sondern den anderen mit den literarischen Exkursen und den sehr zutreffenden Urteilen über Verga. Liebe Mama, Du wirst entweder *Der Königstiger* oder *Die Geschichte einer Grasmücke* oder irgendeinen anderen der Romane gelesen haben, die Verga vor seinem vierzigsten Geburtstag geschrieben hat. Auch bei ihm ist, wie Du siehst, das Phänomen später Reife zu beobachten, ein »Bösewerden« mit dem Erreichen des fünften Lebensjahrzehnts, nachdem alles Falsche durchschaut ist, das im »Gutsein« zu sich selbst, seinen Empfindungen und Gefühlen und in der Nachsicht gegenüber seinem eigenen Leben und Schreiben steckt. In Wahrheit ist es jedoch ein »Gutwerden« im höheren Sinn, eine Art, die Dinge nicht mehr ein-, sondern vierdimensional zu sehen; Abstand zu ihnen zu nehmen und sie zugleich zurückholen zu wollen, neu erschaffen, wie sie sind, nicht in der Begrenztheit privater Lebenserfahrung, sondern in einer gewissermaßen geistigen Welt, wo die blinde Wirklichkeit eine ideale Bedeutung, das einzelne einen symbolischen, ewigen Wert gewinnt, wo alles sich als vorherbestimmt und stichhaltig erweist: einer Welt, die zerstört und dann wiederaufgebaut worden ist, genauso wie ich es Jenny erklärte. Gibt es in den Sonnenuntergängen und den Morgenröten von *Die Malavoglia* etwa nicht jenes Gefühl staunender Erwartung, jene unversehrte und feierliche Jungfräulichkeit der usprünglichen Schöpfung? Ein Gott betrachtet zum erstenmal das Leben, nachdem er es erschaffen hat.

Jenny fragt mich nach Büchern, aber vorläufig mögen folgende Titel genügen: *Die Malavoglia* und *Mastro-Don Gesualdo* sowie die Novellen (*Jeli der Hirte, Cavalleria rusticana, Die Wölfin* und all die anderen sizilianischen Erzählungen). Sodann *Die Verlobten, Das Dekameron, Das neue Leben* und all die großen italienischen Klassiker, die im Grunde genommen gar nicht so langweilig sind, wie man meint. Von den Modernen kann Paolo, der sich diesbezüglich bestens auskennt, sie nach eigenem Gutdünken beraten. Jedenfalls wird Jenny gut daran tun, vor allem die großen italienischen und ausländischen Klassiker des 19. Jahrhunderts zu lesen: Manzoni und, wie gesagt, Verga, dann Nievo, Stendhal, Hugo, Balzac, Poe, Melville, Hawthorne, Defoe, Gogol, Puschkin, Gontscharow, Tolstoi, Dostojewski, Flaubert und so weiter. Sie sollte sich eine kleine bibliographische Liste aufstellen, ehe sie beginnt; die Bücher sind fast alle unten in meinem Zimmer. Aber bitte nicht beschädigen und nicht an Freundinnen ausleihen!

Apropos Freundinnen: Anna Marcella muß zwei Bände meiner Proust-Ausgabe haben. Liebe Jenny, fordere sie doch zurück und stelle sie an ihren Platz! Weißt Du, ich habe bemerkt, daß Du noch zu klein bist, um die Welt Dir neu zu erschaffen, so wie Du sie brauchst. Es fehlen Dir noch zwei bis drei Jahre Quarantäne, glaub mir! Ich habe ziemlich Langeweile. Wenn ich nur meine Bücher hier hätte und ein Thema wüßte, über das ich schreiben könnte! Im übrigen geht es mir gut. Keine Mücken, keine Wanzen. Gesund ist auch die knappere Kost.

13

Liebe Jenny, wie ich höre, macht Mama mich beinahe verantwortlich für Deine wunderlichen Launen. Hier muß ein ernstes Mißverständnis vorliegen, wie es im *Bertoldo* heißt. Ich habe keineswegs gesagt, daß Du, um eine Künstlerin zu werden, Postkutschen überfallen und Deine lieben Eltern verprügeln sollst. Böse sein heißt, so wie hier gemeint, gut sein, zutiefst und in des Wortes eigentlicher Bedeutung; gut wie geläutertes Erz, wie Vittorini (*Gespräche in Sizilien*, ein weiterer lesenswerter Titel) sagen würde. Und das heißt wiederum böse auf alles, was es an Bösem, Falschem, ungeprüft Übernommenem, Sattem in uns gibt, die Erbsünde eingeschlossen. Sieh zum Beispiel Morandi, den größten Maler unserer Zeit: Er, der einer der klarsten, schärfsten und unerbittlichsten Denker ist, die ich kenne (man sieht es schon an seinen Bildern), ist privat ein alter Junggeselle, schwindsüchtig, sanftmütig und geschlechtslos, der mit seinen Schwestern zusammenlebt, im gleichen Zimmer malt und schläft und eine kleine Leopardi-Ausgabe auf seinem Nachttisch neben seinem Metallbett hat. Ich glaube, er ist sehr religiös. Wie verschieden davon ist das Leben Baudelaires! Und dennoch erkennt man, daß auch für Baudelaire die Dichtung, ebenso wie für einen Morandi, Einfalt, Unverderbtheit, Wahrheit, Reinheit, Güte, Keuschheit und Frömmigkeit bedeutete. Dichtung gehört den jungfräulichen Seelen, den Engeln, denen, die glauben. Freilich leben wir nicht mehr im Zeitalter Homers, und deshalb fällt es uns schwer, etwas zu finden, woran wir glauben können. Aber dennoch: Um Dichter zu sein, muß man zu einem Zustand der Unschuld zurückfinden.

Du bist sehr jung und dazu ein Mädchen, nicht die besten Voraussetzungen – mag der Schein auch trügen –, um dorthin zu gelangen. Doch mit den Jahren, mit Geduld, mit Intelligenz, wer weiß? Inzwischen hege und pflege sie gut, diese verflixte Intelligenz! Du hast sie bitter nötig. Gebrauche dazu vor allem jenes Bösesein, das ich Dir als unentbehrlich bezeichnet habe, das Bösesein, dem ich besser einen umfassenderen und weniger zweideutigen Namen gegeben hätte, den Namen: Demut. Und so hoffe ich, daß Mama nicht mehr zu klagen haben wird, weder über mich noch über Dich...

Manchmal verspäten sich Eure Briefe. Ungefähr eine Woche lang habe ich nichts bekommen, weder von Euch noch von Valeria. Dann, auf einmal, ein ganzer Stapel Post. Bekommt Ihr meine Briefe? Ich hätte gern gewußt, ob Paolo sich in dem von mir angedeuteten Sinn um meine Gedichte gekümmert hat. Ich bin wohlauf, nur ein bißchen schlapp und matt, infolge der Untätigkeit und der

Langeweile, die mir an manchen Tagen schwer zu schaffen macht. Aber im großen und ganzen habe ich es mir zwischen Büchern, Zeitungen, Kreuzworträtseln, Spaziergängen usw. einigermaßen erträglich eingerichtet. Ich trauere nur um meine Bücher, um all die ungenutzte Zeit; ich würde weiß Gott was darum geben, wenn ich schreiben könnte. Ich stellte den Antrag, daß ich mir von zu Hause eine Pfeife schicken lassen darf. Falls es bewilligt wird, schickt mir bitte die größere der beiden PAF, die ich besitze. Ich sage Euch noch Bescheid, ob es geht.

P. S.: Wißt Ihr schon, daß ich geradezu schandbar abergläubisch werde? Wenn ich bedenke, daß ich mir in den Kopf gesetzt hatte, Val von ihrer heiligen Scheu vor Buckligen zu kurieren!

14

Also, damit ich es nicht vergesse: Ich bitte Euch, mir die Pfeife PAF zu schicken, die größere von den beiden (sie muß auf dem Tisch im Arbeitszimmer liegen), und dazu den Tabaksbeutel, ebenfalls auf dem Tisch. Außerdem ein Stück Seife und eine Tube Zahnpasta; und öfter mal Taschentücher und Socken. Mehr brauche ich nicht. Übrigens werde ich fett wie ein Huhn im Käfig oder, um mit dem Faktotum zu sprechen, das mich einmal in der Woche rasiert (ein waschechter Romagnolo), wie ein »ninein«[5]. Aber ich werde ja Zeit haben, wieder abzunehmen, so daß ich mir jetzt keine grauen Haare wachsen lasse.

Letzte Woche litt ich sehr unter der großen Hitze. Gestern nacht war es eine wahre Qual. Wenn man sich mit dem Laken zudeckt, ist man sofort in Schweiß gebadet; deckt man sich auf, so fällt man den Mücken zum Opfer, die in den letzten Tagen an Zahl und Angriffslust zugenommen haben. Bei der Hitze sind auch die Wanzen aus ihren unsichtbaren Schlupflöchern hervorgekrochen (es wäre schön, wenn Ihr mir ein Mittelchen dagegen wüßtet), so daß ich seit einigen Nächten kaum ein Auge zumache. Im übrigen kann ich mich, den Umständen entsprechend, nicht beklagen. Die Leute sind alle äußerst nett, und außer der Freiheit lassen sie uns nichts vermissen. Die »Sonderwünsche« sind und bleiben ein wichtiges und undurchschaubares Kapitel. Einmal werden sie gewährt, ein andermal nicht; und man erkennt nicht das geheimnisvolle Kriterium, nach dem die zuständige Stelle sich für oder gegen einen Wunsch (wohlgemerkt nur dessen Weiterleitung) entscheidet. Ein bißchen wie in den Erzählungen von Kafka, natürlich »si parva licet«, weil das Ganze hier noch heiterer, heller und hoffnungsvoller ist. Ich habe mit großem Vergnügen Euren letzten Brief vom 17. gelesen, den mit der Beschreibung des Fliegeralarms. Ich kann mir nicht vorstellen, daß rein sportliche oder gar wissenschaftliche Neugier Papa veranlaßt hat, um drei Uhr nachts aufs Land hinaus zu fahren. Ich denke da eher an schlotternde Knie. Und ich gedachte, während ich mich wohlig umdrehte, um wieder einzuschlafen, der Szene, die sich zur selben Stunde in den väterlichen Kellergewölben abspielen mußte, mit den beiden in gemeinsamer Not vereinten Familien. Nicht, muß ich hinzufügen, um im Vergleich meinen eigenen Mut hervorzukehren. Mut braucht man hier wohl oder übel, bei all den Schlössern, Türen, Gittern, Hindernissen und Riegeln, die einem Feld und Flur versperren. Besser, man denkt nicht daran, so lange es geht.

Mehr kann ich Euch nicht erzählen, außer daß ich mit Schrecken den Bestand der mich interessierenden Bücher dahinschwinden sehe. Die Ankunft der *Gazzetta dello Sport* ist immer ein wichtiger Augenblick, wie etwas, das mich irgendwie dem Leben zurückgibt. Manchmal trägt mir der Wind Fetzen von Rundfunknachrichten oder Opernmelodien zu, alles ein Luxus. Denn die Langeweile ist oft unerträglich.

Giorgio Bassani wurde im Mai 1943 zusammen mit einer Reihe weiterer Antifaschisten verhaftet und in das Gefängnis von Ferrara an der Via Piangipane eingeliefert. Ohne daß ein Prozeß stattfand, wurde er bereits am 26. Juli 1943, unmittelbar nach dem Sturz Mussolinis, freigelassen. Er heiratete kurz darauf und begab sich über Florenz nach Rom, wo er die Befreiung von den Deutschen (1944) erlebte.

1 Valeria Sinigallia, Bassanis damalige Freundin und spätere Frau.
2 Jenny, die jüngere Schwester Bassanis.
3 Arnaldo Dante Momigliano (1908–1987), berühmter Althistoriker, 1938 wegen der Rassengesetze nach England emigriert, zuletzt Ordinarius für römische Geschichte in Pisa.
4 Paolo, der jüngere Bruder Bassanis.
5 »ninein«: Ferkel (romagnolisch).

Storia di famiglia

Mi domando talora quale fra i miei parenti ed affini
meno ti sarebbe dispiaciuto e dopo averli
passati nuovamente in rassegna uno per uno
nella memoria
torno ogni volta a concludere che lo zio Giacomo
detto da me bambino zio Dedo
il quale a prescindere dal piccolo Max morto a quattro anni fu
l'unico
fratello di mia madre quello no
quello forse non te la saresti
sentita di disapprovarlo

Sebbene nutrisse fin da ragazzo aspirazioni artistiche studiò da
dottore
soprattutto per compiacere al padre il nonno Cesare
ma col segreto rovello poi sempre di non aver mai trovato bastante
animo per rompere dandosi
alla pittura o magari
abbracciando la carriera
diplomatica
e ciò in ispecie dopo un semestre trascorso al Cairo – non appena
ultimati
gli studi che aveva condotto innanzi nella Firenze
dei primi del secolo e quindi in Germania –
assunto pro tempore come personale suo medico dal Kedivè
d'Egitto

Al termine della prima guerra mondiale dove pare
si portasse da valoroso buscandosi
fra l'altro una lieve ferita al mento che gli lasciò
il bruno viso triangolare adorno d'una bianca
simpatica cicatrice
rieccolo a Ferrara nel '19 senza ad un tratto
sapere
che cosa avrebbe fatto di se stesso ma in fondo già rassegnato

Familiengeschichte

Manchmal frage ich mich wer von meinen Verwandten und
Anverwandten
dir am wenigsten mißfallen hätte und nachdem ich sie
einen um den andern wieder einmal in der Erinnerung
an mir vorbeiziehen ließ
komme ich erneut zum Schluß daß der Onkel Giacomo
den ich als Kind Onkel Dedo nannte
und der abgesehen vom kleinen Max der mit vier Jahren starb
der einzige Bruder meiner Mutter war daß er
vielleicht vor deinen Augen
Gnade gefunden hätte

Obgleich er schon als Kind künstlerische Neigungen nährte
studierte er Medizin hauptsächlich um dem Vater dem Großvater
Cesare zu gefallen
aber dann immer mit der stillen Wut nie genügend
Mut gefunden zu haben damit aufzuhören
um sich der Malerei zu widmen oder vielleicht die
diplomatische Karriere
einzuschlagen
und dies besonders nach einem Semester in Kairo – er hatte
eben seine Studien beendet die ihn zunächst in das Florenz
des beginnenden Jahrhunderts dann nach Deutschland gebracht
hatten –
wo er vorübergehend als Leibarzt des Kediven von Ägypten
beschäftigt war

Am Ende des Ersten Weltkriegs in dem er scheint es
sich tapfer geführt und sich auch eine
kleine Verwundung am Kinn geholt hat
die sein braunes dreieckiges Gesicht mit einer weißen
sympathischen Narbe schmückte
da ist er also wieder in Ferrara im Jahr 19 ohne gleich zu
wissen
was er mit sich anfangen sollte und hatte sich doch schon damals

fin d'allora – lui che parlava
correntemente almeno tre lingue – all'esercizio
della professione se non in patria in qualche altro buco consimile
della provincia padana
previo tuttavia sposalizio
adatto nonché se possibile
conveniente

Si unì dunque in matrimonio nel '20 con una non bella né
giovanissima
ereditiera concittadina che usciva da un clan ebraico-agrario assai
chic genere
Finzi-Contini per intenderci la quale subito
gli dette un figlio maschio rivelatosi tuttavia a neanche
un anno dalla nascita minorato
mentale irrecuperabile
e tale perciò da rappresentare per lui durante
i residui dieci anni della sua corta
vita
una fonte perenne d'infinita
pur se nascosta amarezza

Troppo ricca e superba la moglie tremendamente
snob anche essa per riuscire
in qualche modo a consolarlo e difatti accadde
che menassero esistenze in pratica
separate
lui in una cittadina del Veneto in qualità di primario
d'ospedale ivi ognora assistito però e accudito da schiere
di buone e brave suore-infermiere adoranti
lei a Ferrara dedita al bimbo affatto idiota – intestandosi
a rivolgerglisi per lo più in inglese – nella grande
dimora paterna di via
Montebello

im Grunde damit abgefunden – er der fließend wenigstens
drei Sprachen sprach – seinem Beruf nachzugehen
wenn nicht in der Heimat so doch in irgendeinem
andern ähnlichen Kaff in
der Provinz Padua
nach einer vorausgehenden passenden
und wenn möglich günstigen Eheschließung

So ging er also im Jahr zwanzig die Ehe ein mit einer weder
schönen noch besonders jungen Erbin
aus derselben Stadt die einem ziemlich schicken jüdischen
Landwirtsgeschlecht entstammte
vom Typ der Finzi-Contini damit wir uns recht verstehen
die ihm sogleich einen Sohn schenkte der sich jedoch schon vor
Ablauf
eines Jahres nach seiner Geburt als geistig behindert erwies
ohne Hoffnung auf Heilung
und der so für ihn während der ihm verbleibenden
zehn Jahre seines kurzen Lebens
eine dauernde Quelle unendlicher
wenn auch verborgener Bitterkeit darstellte

Zu reich und zu hochmütig gelang es der schrecklich
versnobten Ehefrau nicht ihn auf irgendeine
Weise zu trösten und tatsächlich geschah es
daß sie praktisch getrennte Existenzen
führten
er in einer Kleinstadt des Veneto als Chefarzt
einer Klinik wo er ständig von Scharen guter
und tüchtiger Krankenschwestern umsorgt unterstützt und
angebetet wurde
sie in Ferrara mit dem völlig idiotischen Kind
beschäftigt – sie hatte sich in den Kopf gesetzt sich ihm
hauptsächlich auf englisch zuzuwenden – im großen väterlichen
Wohnsitz der Via Montebello

Ma per restare un attimo ancora su di lui come mai nella solitudine
dei suoi anni ultimi
non gli capitasse più di produrre nessuno di quei curiosi disegni a
penna
stile Simplicissimus ma d'argomento
in prevalenza famigliare
a cui si era fatto la mano all'epoca del perfezionamento
in Germania fra l'8 e il '10
– ne sarà rimasta sì e no una ventina poveri
ingialliti fogli d'album affissi a caso qua e là fra tinelli
e salottini nelle sparse tane del superstite
parentado –
non saprei dirlo con certezza
È probabile che badasse a tirare la carretta
giorno dopo giorno perseverando ciò nonostante dentro se stesso
a sperare così come per fortuna
succede spesso

Giacciono comunque tutti e tre assieme padre madre e figlio
sepolti da molti anni nel cimitero
israelitico di Ferrara
nel piccolo prato a sinistra che si stende giusto di là
dal cancello d'ingresso
tre snelle candide
lapidi sobriamente
iscritte
nel mezzo quella di Cesarino di poco premorto ventenne
alla madre vedova senza che
avesse potuto mai intendere non una sola
parola sia d'inglese sia d'italiano insomma niente
di niente

Aber um noch einen Augenblick bei ihm zu bleiben wie konnte es
sein
daß es ihm in der Einsamkeit seiner letzten Jahre
nicht mehr in den Sinn kam eine jener seltsamen Federzeichnungen
im Stil des Simplizissimus aber meist mit familiärer
Thematik herzustellen
wie er sie in der Zeit seiner Fortbildung in Deutschland
in den Jahren 8 bis 10 geübt hatte
– wenn es hoch kommt sind etwa zwanzig armselige vergilbte
Skizzenbuchblätter geblieben die recht zufällig hier und dort
zwischen den Eßzimmern und Salons in den verstreuten Höhlen
der überlebenden Verwandtschaft angeheftet sind –
ich könnte es mit Sicherheit nicht sagen
Wahrscheinlich ist es daß er sich Tag für Tag abrackerte
und kümmerte und dabei doch in seinem Innern fortfuhr
zu hoffen so wie es gottlob
oftmals geschieht

Wie dem auch sei sie ruhen alle drei zusammen Vater Mutter und
Sohn
bestattet seit vielen Jahren im jüdischen
Friedhof von Ferrara
im kleinen Rasenstück links das gerade hinter
dem Eingangstor liegt
drei schmale schneeweiße
Grabsteine mit einfachen
Inschriften
in der Mitte der des zwanzigjährigen Cesarino der der verwitweten
Mutter
um weniges vorausgestorben war ohne daß er
jemals auch nur ein einziges Wort Englisch oder Italienisch
oder überhaupt irgend etwas verstanden hätte
irgend etwas

Eberhard Schmidt
Ferrara und ich

Notizen zur Biographie Giorgio Bassanis

Fast acht Generationen lang, ehe ihnen im Zuge der Einigung Italiens, 1859–1861, die vollen Bürgerrechte zugesprochen wurden, hatte der Kirchenstaat die Juden von Ferrara in einem Ghetto eingeschlossen, das jeden Abend mit fünf eisernen Toren versperrt worden war.

Als Giorgio Bassani im Jahre 1916 geboren wird, liegt die Auflösung des Ghettos und die Gleichstellung von Christen und Juden, die den »ebrei« Ansiedlungsfreiheit, freie Berufswahl und unbeschränkte Bewegungsfreiheit brachte, gerade zwei Generationen zurück.

Nicht einmal eine Generation später werden diese Bürgerrechte durch die faschistischen Rassengesetze von 1938 wieder kassiert und die jüdische Bevölkerung wenige Jahre darauf einer Verfolgung durch die deutschen Besetzer ausgeliefert, die für viele in den Vernichtungslagern endet.

Assimilation und Ausgrenzung, Verheißung und Vernichtung sind die historischen Pole, um die Leben und Werk von Giorgio Bassani ständig kreisen. Von Moisè Finzi-Contini, dem Urgroßvater Micòls, der, »ganz erfüllt vom Glücksgefühl, die bürgerliche Gleichberechtigung erreicht zu haben… zum Großgrundbesitzer und ›Reformer der Landwirtschaft Ferraras‹« geworden war, spannt sich im Figurenreigen des *Romanzo di Ferrara* der Bogen bis zu jenem Geo Josz, »der von sehr weit kam, aus einer Ferne, die viel größer war als die, aus der er tatsächlich zurückkehrte«, nämlich aus Buchenwald, und der zurückgekommen war, »als es niemand mehr erwartete«.

Giorgio Bassanis Vorfahren sind den alten jüdischen Familien Ferraras zuzurechnen, die sich nach der Auflösung des Ghettos rasch assimiliert hatten und zu beträchtlichem Wohlstand gelangt waren. Mütterlicherseits ragt besonders die Figur des Großvaters Cesare Minerbi, Chirurg und berühmter Chefarzt des Hospitals von Sant' Anna, hervor. Er hatte Mitte der achtziger Jahre ein katholisches Mädchen ländlicher Herkunft geheiratet, eine geborene Marchi, deren Name der junge Giorgio Bassani 1940 als Pseudonym für sein Erstlingswerk *Eine Stadt in der Ebene* entlehnen wird, weil ihm unter dem Diktat der Rassengesetze eine Veröffentlichung unter eigenem Namen nicht möglich ist. Die patriarchalische Gestalt des Großvaters, den, seines hohen Ansehens wegen, selbst die Faschisten vor den Nazis schützten, hat der Dichter in der Figur des Dr. Elia Corcos, in einer seiner frühesten Ferrareser Geschichten, *Der Spaziergang vor dem Abendessen*, verewigt, gemeinsam mit der Großmutter, die hier als Gemma Brondi erscheint und an die sich der Enkel erinnert als an eine Frau, die ihren bäuerlichen Dialekt nie abgelegt hat. Die väterliche Familie der Bassani, die schon früh in den Urkunden der jüdischen Gemeinde Ferraras nachweisbar ist, steht den Minerbis an Wohlstand und Ansehen kaum nach. Enrico, der Vater, ebenfalls Chirurg, praktiziert nicht mehr, sondern lebt von seinem Vermögen, beschäftigt sich mit der Verwaltung wohltätiger Stiftungen der jüdischen Gemeinde oder trifft im Klub seine Standesgenossen. Dora, die Mutter, ist der Mittelpunkt der Familie, zu der noch die jüngeren Geschwister Paolo und Jenny gehören.

Ferrara ist in den Jahren zwischen den Kriegen, in denen der junge Giorgio aufwächst, eine mittelgroße Stadt der italienischen Provinz. Hatte sie zur Zeit der italienischen Einigung knapp 70 000 Einwohner gezählt, von denen sich rund 1500 zur jüdischen Gemeinde rechneten, so war die Einwohnerzahl allmählich auf mehr als 100 000 angewachsen. Der jüdische Bevölkerungsanteil war aber auf etwa 800 Gemeindemitglieder zurückgegangen, was wohl nicht zuletzt damit zusammenhing, daß Ferrara im Schatten des mächtig expandierenden Eisenbahnknotenpunktes Bologna zusehends in eine ökonomische Randlage geriet und wenig Chancen für die Entfaltung wirtschaftlicher Initiativen bot. Grundlage des Wohlstandes bildete die Landwirtschaft mit den großen Latifundien, die aus der Melioration der Poniederungen hervorgegangen waren und zu deren Eignern auch jüdische Bürger Ferraras und der Ferrareser Provinz, die »ebrei terrieri«, zählten. In Edgardo Limentani, der Hauptgestalt des Romans *Der Reiher (L'airone)*, spiegelt sich das wechselvolle Schicksal dieser Schicht jüdischer Grundbesitzer, deren Eigentum nach 1938, dem Jahr der Rassengesetze, oft an »Arier« oder den Staat »überging«.

Die soziale Struktur der »Bassa Ferrarese«, des flachen Landes mit seinen großen Gegensätzen zwischen armen Landarbeitern, die sich zu organisieren begonnen hatten, und dem Großgrundbesitz, bot in der Zeit der sozialen Unruhen nach dem Ersten Weltkrieg einen günstigen Nährboden für die Ausbreitung der faschistischen Bewegung. Von den Großgrundbesitzern im Kampf gegen die Ansprüche der Landarbeiter zu Hilfe gerufen, verbreiteten faschistische Banden mit Terroraktionen gegen sozialistische und kommunistische Arbeiter, gegen Gewerkschafts- und Parteihäuser Angst und Schrecken. Italo Balbo, Kriegsheld und Organisator der »squadri fascisti«, gelang es in kurzer Zeit, gemeinsam mit Großagrariern und dem Ferrareser Bürgertum jeden Widerstand gegen die Interessen der herrschenden Gruppen zu ersticken und ab 1921 unangefochten die politische Gewalt in der Provinz auszuüben, bevor er seine Karriere als Minister von Mussolini in Rom fortsetzte.

Die städtische Oberschicht Ferraras, unter ihnen die meisten jüdischen Bürger, die auf diese Weise ihre Privilegien geschützt sahen, füllte rasch die Reihen der faschistischen Partei. National und königstreu, fühlte sich das jüdische Bürgertum der faschistischen Sache auch deshalb verbunden, weil kein Anzeichen von Antisemitismus Programmatik oder Handeln der faschistischen Führung trübte. Im Gegenteil, in Mussolinis ersten Kabinetten erschienen Juden im Ministerrang. Die Regierung verkündigte offiziell, eine »jüdische Frage« gebe es nicht in Italien. In Ferrara amtierte 1921–1936 als Bürgermeister der Stadt Renzo Ravenna, enger Freund Italo Balbos und führendes Mitglied der jüdischen Gemeinde. Nach der Werbekampagne der faschistischen Partei Anfang der dreißiger Jahre dürften mehr als achtzig Prozent der Ferrareser Juden Mitglied von Mussolinis Partei gewesen sein. Auch der Vater des Dichters war früh zur faschistischen Partei gestoßen.

Der junge Giorgio wächst in dem schönen alten Haus in der Via Cisterna del Follo Nr. 1 auf, das die Familie bis heute besitzt. Der sorglosen Kindheit folgt das Leben eines Heranwachsenden, der seine Interessen zwischen der Musik, den Freunden und dem Tennisspielen im nahegelegenen vornehmen Tennisklub Marfisa d'Este aufteilt. In der Schule hat er keine Schwierigkeiten, er zählt zu den besten Schülern, und als er 1934 die Reifeprüfung am Liceo Ludovico Ariosto, dem ersten Gymnasium der Stadt, ablegt, steht fest, daß er in Bologna studieren wird.

Bologna ist für den jungen Studenten Bassani nicht nur die Universität mit ihrer Facoltà di Lettere, an der er sich einschreibt, es ist auch Ort der Literatur selbst, Sitz literarischer Schulen, wie der Gruppe dem 19. Jahrhundert verbundenen Realisten um Riccardo Bacchelli und Vincenzo Cardarelli oder der jüngeren Hermetiker, die gerade um Montale in Florenz ihre ersten Zirkel gebildet hatten. In diesen ersten Studienmonaten hat Bassani das Glück, mit dem Ferrareser Literaten Giuseppe Ravegnani bekannt zu werden, der die literarische Seite des *Corriere Padano* betreut und ihn aus seiner reichen Bibliothek mit Lektüre für die täglichen Fahrten »aus der Stockfinsternis von Ferrara in das Licht so mancher Morgen in Bologna« versorgt. Es sind Reisen in der *Dritten Klasse*, wie die erste, von Ravegnani 1935 gedruckte Erzählung des jungen Dichters benannt ist, »als der Zug, der jeden Morgen kurz vor sieben Uhr von Ferrara abfuhr, die fünfundvierzig Kilometer lange Strecke bis Bologna in nicht weniger als einer Stunde und zwanzig Minuten zurücklegte« *(Die Brille mit dem Goldrand)*.

In Bologna langweilt er sich in den literaturwissenschaftlichen Vorlesungen, bis ihn ein Freund auf den Kunsthistoriker Roberto Longhi hinweist. Longhi, Anhänger des Philosophen Benedetto Croce, ist ein außergewöhnlicher Lehrer, beinahe selbst ein Künstler, der den jungen Studenten bei seinen Schreibversuchen ermutigt. Er macht ihn auch mit dem Maler Giorgio Morandi bekannt und führt ihn in das Studium von Croce ein, dessen idealistische Philosophie fortan auch Bassanis Leitschnur wird. Gleichzeitig lernt er 1935 in Ferrara eine Gruppe junger sardischer Dichter und Lehrer kennen, die einen außerordentlichen Einfluß auf ihn ausüben. Vor allem Giuseppe Dessì und Claudio Varese sind es, die ihm neue Wege in der Literatur öffnen, indem sie ihn mit Proust und mit den eigenen literarischen Versuchen bekannt machen. Sie sind es auch, die den Keim für die antifaschistische Gesinnung legen, die mit dem Studium Croces schon vorbereitet war: »Ohne sie«, urteilt Bassani später, »wäre es nicht möglich gewesen, Antifaschist zu werden, weil für einen wie mich die Entdeckung des Antifaschismus wesentlich eine moralische Entscheidung war. Die Bücher Croces kannte ich schon vorher, aber die Art, in der Varese davon sprach, hatte etwas Religiöses: ›Die Religion der Freiheit‹... Die Begegnung mit den Sarden wurde wichtig für mich, auch wenn sie nur eine begrenzte Zeit dauerte, vielleicht zwei Jahre: Es waren fundamentale Jahre, weil sie mich meiner Stadt, die ganz und gar faschistisch war, die ich liebte und haßte zur gleichen Zeit, entfremdeten. Ich war ein junger Mann gewesen, der sich mit vielen frivolen Dingen beschäftigt hatte. Ich spielte Tennis, Fußball, lief Ski etc. Jetzt trennte ich mich von den Freunden der Kindheit und Jugend und entfernte mich in jenen Jahren von dem, was die Leute gemeinhin das Leben nennen.«

Die Begegnung mit Carlo Ludovico Ragghianti, einem Kunsthistoriker, der in Bologna verbannt und unter Hausarrest lebt, verändert Bassanis Leben entscheidend. Er gibt das Schreiben auf und steckt nun seine gesamte Energie in politische Untergrundaktivitäten. Als reisender Kurier versucht er, gemeinsam mit Ragghianti, ein Netz unter den alten antifaschistischen Gruppen und isolierten Kadern zu knüpfen. Er reist in den folgenden Jahren ständig zwischen Ferrara, Bologna, Mailand, Florenz, Rom und Ancona hin und her. Er trifft Antifaschisten wie Ferruccio Parri, Ugo la Malfa und viele andere, »halb Italien«, mit denen er bald darauf im Partito d'Azione, einer der zentralen Gruppen der antifaschistischen Resistenza, verbunden ist.

Die Trennung und Entfernung von seinen jüdischen »Rassegenossen« (den »corrazziali«, wie er sie nennt), die darin zum Ausdruck kommt, hat er später in den Worten zusammengefaßt: »Ich gehöre zur selben Rasse, aber nicht zur selben Religion. Meine Religion ist die der Freiheit. Ich glaube an die Freiheit wie an eine Religion: Auch hier bin ich Anhänger Benedetto Croces.«

Der Erlaß der Rassengesetze im Herbst 1938 bedeutet auch für Bassani, der kurz vor Abschluß des Studiums steht, den Verlust jeder weiteren beruflichen Perspektive. Er erwirbt noch 1939 das Laureat bei Carlo Calcaterra mit einer Arbeit über Niccolò Tommaseo, einen Literaten und Patrioten des Risorgimento, dann zieht er sich gezwungenermaßen an die Schule im Ghetto von Ferrara zurück, wo er die von den öffentlichen Schulen verwiesenen jüdischen Schüler in Literatur und Philosophie unterrichtet. Der Rest der Zeit ist der politischen Tätigkeit gewidmet, die er mit unverminderter Energie fortsetzt. Aber auch die Kontakte zu dem Kreis um Roberto Longhi in Bologna werden nicht völlig abgebrochen.

1940 läßt Bassani unter dem erzwungenen Pseudonym Giacomo Marchi auf eigene Kosten sein erstes Buch drucken: *Eine Stadt in der Ebene*, das noch stark beeinflußt ist von Vorbildern der dreißiger Jahre und einige Texte enthält, die in den Jahren zuvor im Kreis der sardischen Dichterfreunde entstanden waren. Enthalten ist darin aber auch die erste Fassung der Erzählung *Lida Mantovani*, hier noch unter dem Titel *Storia di Debora*, eine erste Annäherung an jenes »Ferrara«, das zum Zentrum von Bassanis literarischem Schaffen werden soll. Später, nach der siebten Umarbeitung, wird diese Erzählung die *Ferrareser Geschichten* einleiten. In den Jahren der Illegalität gelangt das Buch nur Freunden zur Kenntnis, denen es der Autor zum Geschenk macht.

Bassanis Wirken als Lehrer an der Schule im Ghetto ist von einem seiner Schüler, Paolo Ravenna, dem Sohn des früheren Bürgermeisters von Ferrara, als Pädagogik der Ermutigung und der Erziehung zum Widerstand beschrieben worden (siehe den Text »Eine Schule im Ghetto« in diesem Band). Ohne direkte politische Indoktrination, sondern über die Auswahl der oft verbotenen Texte, mit denen der Lehrer die Schüler konfrontierte: Montale, Vittorini, aber auch Tschechow und Lorca, vor allem aber Croce, wurde der Widerstandsgeist der Schüler gestärkt. Schließlich, als die Zahl der Schüler immer mehr abnimmt, werden die Schulstunden in der Via Cisterno del Follo Nr. 1 fortgesetzt, bis zu jenem Zeitpunkt im Frühjahr 1943, als Bassani und fast hundert weitere Antifaschisten in Ferrara auf einen Schlag verhaftet und ohne Prozeß ins Gefängnis in der Via Piangipane eingeliefert werden. Die bitteren Erfahrungen dieses Gefängnisaufenthaltes, die permanente Angst vor möglichen Exekutionen, erscheinen in den *Briefen aus dem Gefängnis* (siehe den Abdruck in diesem Buch) gemildert, vielleicht auch, um die Familie nicht übermäßig zu beunruhigen. Dank des Sturzes der Regierung Mussolini am 25. Juli 1943 dauert die Haft nur einige Wochen.

Nach der Freilassung und in sicherer Erwartung dessen, was

43

kommen wird, ordnet Bassani seine persönlichen Angelegenheiten. Er heiratet Valeria Sinigallia, versteckt sich für einige Wochen mit ihr bei Freunden in Florenz und verbirgt die Eltern und die Schwester auf dem Lande, wo sie die kurz darauf einsetzende Verfolgung durch die Deutschen und den Krieg überleben. (Der Vater stirbt 1948, die Mutter wird 93 Jahre alt. Beider Grab befindet sich auf dem jüdischen Friedhof von Ferrara.)

Mit Valeria geht er nach Rom, wo er unter falschem Namen und wechselnden Wohnsitzen seine Widerstandtätigkeit bis zur Befreiung der Stadt durch die Alliierten im Juni 1944 fortsetzt. Die schwierige Lage, in der sich Bassani mit seiner Familie in dieser Übergangzeit zwischen deutscher Besatzung und Befreiung befand, wird in den Auszügen aus dem lange unveröffentlichten Tagebuch *Rom, Winter 44* besonders deutlich (auch dieser Text ist hier erstmals in deutscher Sprache zugänglich).

Während die Eltern nach der Beendigung des Krieges wieder das Haus in der Via Cisterno del Follo in Besitz nehmen, als Überlebende einer klein gewordenen jüdischen Gemeinde, in die von den 150 bis 200 Deportierten nur wenige aus den Todeslagern oder aus den Verstecken zurückgekommen waren, kehrt Giorgio Bassani nicht mehr nach Ferrara zurück. Die Stadt, der er nach den Erfahrungen von Kindheit, Jugend und den ersten Jahren des Erwachsenseins in Liebe und Haß verbunden bleibt, kann er nach dem, was geschehen ist, nur aus der Distanz der Erinnerung zum Fokus seines literarischen Werks machen. Er bleibt in Rom und entscheidet sich dafür, seinen Weg als Schriftsteller fortzusetzen, nun allerdings im Bewußtsein einer Verantwortung, die ihn von seinen literarischen Anfängen in den dreißiger Jahren weit entfernt. Eine Verantwortung, die er später einmal mit den Worten beschrieben hat: »Mir war klar, ich muß zu etwas von Nutzen sein. Wir trugen auf unseren Schultern: den Faschismus, den Nazismus, ein ungeheures Blutbad. In den Kerkern, im Exil, unter den Galgen, in den Lagern haben Millionen von Menschen, unter ihnen einige der Besten von uns, auf elende Weise ihr Leben gelassen. Eine derartige Vergangenheit können wir nicht auslöschen. Das ist die bittere Spur, die blutige Fährte, die für immer unseren Weg zeichnet« (*Le parole preparate*). Dieser Text steht im Kontext einer Auseinandersetzung, in der Bassani sich seiner Position als Schriftsteller vergewissert, festhaltend zugleich an der Einsamkeit des schreibenden Ich (der »intima solitudine«) und an der engen Beziehung zur Gesellschaft, in der er lebt und die Gegenstand wie Adressat des Schreibenden ist: »Wie Proust und Joyce weiß ich, daß ich nicht das Recht habe, Geschichten zu erzählen. Wem hätte ich sie erzählen können? Ich schrieb unmittelbar nach dem Krieg, in einem außerordentlichen Augenblick, als wir alle, *nicht nur ich*, aus Buchenwald gekommen waren. Alle kamen von da her, in irgendeiner Weise« (im Gespräch mit Anna Dolfi). Aber im Unterschied zu Proust, der, vergraben in seinem Zimmer, die Wiederaneignung der Zeit betreibt, um den, der er einmal war, wiederzufinden, geht es Bassani nach der Erfahrung von Faschismus und Krieg um eine Übereinstimmung zwischen dem ich, das er einmal war, und dem ich, das er jetzt ist, also um eine moralische Dimension, um eine große Konfession.

In den ersten Jahren nach dem Krieg erscheinen drei Gedichtbände: *Storie dei poveri amanti e altri versi* (1945), Frucht der erneuten Hinwendung zum Schreiben nach der Entlassung aus dem Gefängnis; *Te lucis ante* (1947), in dem die Gefängniserfahrungen verarbeitet werden; und: *Un'altra libertà* (1952). Die Bände werden von der Kritik wohlwollend aufgenommen, bringen aber nicht den erhofften literarischen Durchbruch in der breiteren Öffentlichkeit.

Um sich und die Familie, die inzwischen um die Kinder Enrico und Paola gewachsen ist, am Leben zu erhalten, muß Bassani die unterschiedlichsten Arbeiten annehmen. So ist er in den Nachkriegsjahren als Hilfsangestellter in einem Ministerium beschäftigt, als Bibliothekar, als Lehrer in Velletri und für längere Zeit am Istituto Nautico in Neapel, wo er Literaturwissenschaft unterrichtet. Der Schriftsteller Mario Soldati vermittelt ihn schließlich ins Filmgeschäft, wo er Drehbücher schreibt, eine Arbeit, die er zwar nicht zu seiner literarischen Tätigkeit zählen möchte, die ihm aber unter handwerklichen Gesichtspunkten im nachhinein als wichtig erscheint. Die Bekanntschaft und lange Freundschaft mit Pier Paolo Pasolini datiert aus dieser Zeit. Schließlich ist er sogar in einer kleinen Rolle in einem Film zu sehen (in Emmers *Le ragazze di Piazza di Spagna*).

1947 kommt es zu der bedeutsamen Begegnung mit Marguerite Caëtani, einer vermögenden, kultivierten Amerikanerin französischer
Herkunft, die ihm die Leitung der eben gegründeten internationalen Literaturzeitschrift *Botteghe oscure* anvertraut. Bassani hat es
später der freundschaftlichen Anregung dieser Mäzenatin zuge-
schrieben, daß er sich nun wieder der Überarbeitung der *Storia di
Debora* zuwandte und damit den Keim für das künftige Werk legte,
das in den folgenden zwanzig Jahren den Mittelpunkt seines literarischen Schaffens ausmachen wird: *Il romanzo di Ferrara*, »jene Bewegung auf ein Bild zu, das zuerst verschwommen und nur eben
entzifferbar ist, dann aber mit unendlicher Langsamkeit in den
Brennpunkt kommt«, wie er es am Schluß seiner Arbeit in *Laggiù,
in fondo al corridoio* formuliert hat. Eine Reise in die Vergangenheit,
die für Bassani, den Moralisten, als den er sich selbst sieht, anders als
für Proust, den Ästheten, nicht verloren ist: »Die Vergangenheit ist
nicht tot... sie stirbt nie. Aber sie entfernt sich in jedem Augenblick. Es ist also möglich, die Vergangenheit zurückzuholen. Aber
man muß, wenn man sie wirklich zurückgewinnen will, eine Art
Korridor durchlaufen, der jeden Augenblick länger wird. Und unten, ganz am Ende, an dem fernen, im hellen Sonnenlicht liegenden
Punkt, dort, wo die schwarzen Wände des Korridors fast zusam-
menlaufen, dort steht das Leben, so lebendig und pochenden Herzens wie damals, als es sich das erste Mal ereignet hatte. Also ewig?
Gewiß. Und nichtsdestoweniger immer ferner, immer mehr sich
entziehend, immer weniger geneigt, sich noch einmal besitzen zu
lassen« (ebd.). Die Verpflichtung zur Objektivität, zur historischen
Wahrheit, durch das schreibende Ich hindurch, die sich darin ausdrückt und die gewonnen ist aus der Verantwortung gegenüber
dem, »was wir auf den Schultern haben«, konstituiert schließlich
jenes »Ferrara, dieses kleine, abgesonderte, von mir erfundene Uni-
versum«, in dem sich ereignen kann, was Bassani einmal (im Gespräch mit Anna Dolfi) als das zentrale Motiv des ganzen *Romanzo
di Ferrara* bezeichnet hat: »Die Erkundung des Todes, um auf seinem Grunde gerade sein Gegenteil zu finden« (»la ricerca della
morte per trovare in fondo ad essa invece il suo contrario«) – für den
Autor verkörpert am reinsten in der Figur der Micòl Finzi-Contini,
der allein seine ungeteilte Sympathie gehört: »Die Finzi-Contini
wollen nicht leben, sie gehören dem Tod, sie lieben ihr Haus, ihren

Garten, und basta. Micòl allein will anders sein, will leben, sie ist in gewisser Weise Sprachrohr meiner Botschaft. Ich habe das Buch geschrieben, um mich mit Micòl zu identifizieren. Die Dichter bekennen sich immer durch eine ihrer Gestalten... Micòl ist wie ich. Ich hätte den Roman nicht schreiben können, in dem Micòl die absolute Hauptfigur ist, wenn ich mich ihr nicht irgendwie angeglichen hätte« (im Gespräch mit Giulio Nascimbeni, 1988). Noch einmal, nun schreibend, Ferrara hinter sich zu lassen, die moralisch zutiefst diskreditierte Gesellschaft der Zwischenkriegszeit, die sich dem Faschismus in die Arme geworfen oder ihm nicht widerstanden hatte, »sei es aus sozialen Gründen, weil alle Bürger waren, Eigentümer, dort verwurzelt oder weil sie jung waren, leben wollten, sich amüsieren wollten, aufgesogen von ihren alltäglichen Interessen«, diese unendlich lange Kamerafahrt zurück bedeutete, so gesehen, für Bassani auch den Weg ins Leben zurückzufinden – an der Hand von Micòl, »die absolut verschieden war von den anderen: Auch sie ging durch die Galaxis, aber wunderbarerweise wurde sie nicht davon berührt. Auch sie war gezwungen, ihre Zuneigung zu verbergen, ihre tiefe Sehnsucht, durch so viele ›Neins‹ hindurch: Auch sie gehörte zu der Generation, die Montale gelesen hatte: ›das, was wir nicht sind, das, was wir nicht wollen‹. Dennoch, ganz wie der Engel Montales, der die hohen Nebel durchstoßen hat und jetzt hier ist, ist sie hier, unversehrt, im Arbeitszimmer des Dichters« (im Gespräch mit Ferdinando Camon).

Die ersten der *Ferrareser Geschichten* erscheinen ab 1953 an verschiedenen Orten. Zusammengefaßt 1956 bei Einaudi in Turin, begründen sie den Ruf des nun vierzigjährigen Dichters. Das Buch erhält den begehrten Premio Strega und macht Bassani über die engeren literarischen Kreise hinaus bekannt. *Die Brille mit dem Goldrand*, 1958 bei Einaudi erschienen, bestätigt seinen Rang. Aber erst *Die Gärten der Finzi-Contini (Il giardino dei Finzi-Contini*, 1962) stößt auf die einhellige Zustimmung von Publikum und Kritik. Der Roman, für den Bassani den Premio Viareggio erhält, wird wenige Jahre später in die meisten Weltsprachen übersetzt. Als Vorlage dient er Vittorio De Sica für den gleichnamigen Film, den Bassani allerdings für einen Verrat an seinen Intentionen hält (siehe auch: *Der verratene Garten* – abgedruckt in diesem Buch).

Parallel zum literarischen Durchbruch verbessern sich auch die Lebensverhältnisse. 1957 wird Bassani zum Professor für Theatergeschichte an der »Accademia nazionale di arte drammatica« in Rom berufen, ein Lehramt, das er bis 1967 ausübt. 1958 ernennt ihn Feltrinelli zum literarischen Ratgeber seines Verlags und macht ihn zum Herausgeber der renommierten »Biblioteca di letteratura«. In dieser Eigenschaft entdeckt Bassani den Roman *Der Leopard* des sizilianischen Fürsten Giuseppe Tomasi di Lampedusa, der ihm anonym zugegangen ist und dessen Bedeutung er, im Gegensatz zu mehreren anderen Verlagen, die das Manuskript zu Lebzeiten des Autors abgelehnt hatten, sofort erkennt. Mit seiner Einleitung erscheint der Roman 1958 und wird rasch ein Welterfolg. Nach der Trennung von den *Botteghe oscure* 1960 tritt Bassani in die Redaktion der Zeitschrift seines Lehrers und Freundes Roberto Longhi, *Paragone*, ein. Zeitweilig ist er auch Vizepräsident der RAI. Vor allem aber widmet er sich, neben seiner literarischen Tätigkeit, der von ihm und anderen Freunden Mitte der fünfziger Jahre gegründeten Stiftung »Italia Nostra«, die sich dem Erhalt nicht nur der Kunstdenkmäler, sondern auch der Naturdenkmäler Italiens widmet. Die Leitung der Organisation, die aus kleinen Anfängen bald in allen bedeutenden Städten Italiens örtliche Sektionen bildet, mit ehrenamtlichem Personal und überparteilicher Orientierung, nimmt ihn 15 Jahre lang, von 1960 bis 1975, in Anspruch. Noch heute residiert er als Ehrenpräsident von »Italia Nostra« in seinem Büro in Rom, unweit der Villa Borghese.

Währenddessen schreibt er am Roman Ferraras weiter. 1964 erscheint der Roman *Hinter der Tür (Dietro la porta)*, in dem erneut die Zeit der Kindheit und Jugend in Ferrara, diesmal im Spiegel von Schulkonflikten, verarbeitet wird. Gesammelte literaturkritische Aufsätze erscheinen, zusammen mit einigen autobiographischen Texten, unter dem Titel *Le parole preparate* 1966 bei Einaudi. 1968 wechselt Bassani dann endgültig zum Verlag Mondadori in Mailand, wo der Roman *Der Reiher* veröffentlicht wird, der den letzten Tag im Leben des jüdischen Großgrundbesitzers Edgardo Limentano beschreibt und der die grandiose Schilderung einer Reiherjagd in den Valli di Commacchio bei Ferrara enthält, die ohne die Erfahrungen des »Naturschützers« Bassani nicht denkbar wäre. Der Roman wird 1969 mit dem Premio Campiello ausgezeichnet. Als letzter Teil des *Romanzo di Ferrara*, zu dem Bassani nun sein erzählerisches

Gesamtwerk zusammenfaßt, folgt schließlich 1972 *Der Geruch von Heu (L'odore del fieno)*, eine Sammlung kurzer Texte und Skizzen, die erstmals den Umkreis Ferraras verlassen und Orte wie Rom und Neapel mit einschließen.

Im abschließenden Text dieses Buches, der später *Laggiù, in fondo al corridoio (Die Jahre der Ferrareser Geschichten)* betitelt wird, werden noch einmal die Mühen aufgezählt, die den Autor das Schreiben der Geschichten, insbesondere zu Beginn seines Schaffens, gekostet hat, als sich das Abfassen einer Erzählung über Jahre oder gar Jahrzehnte hinzog. Bassani hat darüber hinaus immer wieder seine Texte überarbeitet, bis er 1980 eine endgültige Ausgabe des gesamten *Romanzo di Ferrara* vorlegen konnte, den er nun expressis verbis als »einen Roman«, den Roman seiner Heimatstadt Ferrara, verstanden wissen will, von dem die einzelnen sechs Bücher nur die Teilstücke einer zusammenhängenden Konfession sind: »*Il romanzo di Ferrara* betrachte ich nicht als eine Sammlung meiner Erinnerungen«, erklärt er mehrfach dezidiert, »sondern als ein einziges, einheitliches Werk, eine Art Gedicht.«

In den siebziger Jahren erscheinen neben dem erzählerischen Werk auch zwei neue Gedichtbände: *Epitaffio* (1974) und *In gran segreto* (1978), die schließlich gemeinsam mit den früheren Gedichten ebenfalls als Sammelausgabe unter dem Titel *In rima e senza: 1939–1981* (1982) veröffentlicht werden und dem Autor für sein poetisches Gesamtwerk den Premio Bagutta eintragen, nachdem die Stadt Dortmund ihm bereits 1969 für sein erzählerisches Werk den Nelly-Sachs-Preis verliehen hatte.

Das internationale Renommee, das der Dichter jetzt genießt, drückt sich auch in Einladungen in die USA aus, wo er 1975 an der Indiana University und 1978 an der University of California in Berkeley sowie an der kanadischen McMasters University lehrt. *Di là dal cuore*, eine neue Sammlung kritischer Essays und autobiographischer Texte (1984), beschließt bislang den Reigen der Veröffentlichungen Bassanis. In einem Interview (*Mille Libri*, Heft 4/1988) kündigt der Dichter, »piano, piano«, einen neuen Roman mit dem Titel *I due fiumi (Die zwei Flüsse)* an, über dessen Inhalt er allerdings nicht mehr zu verraten bereit ist, als daß der eine der beiden Flüsse – natürlich – der Po sei und daß der Roman handeln werde, wie könnte es anders sein: »Von Ferrara und mir.«

DIE ZEIT

Le leggi razziali

La magnolia che sta giusto nel mezzo
del giardino di casa nostra a Ferrara è proprio lei
la stessa che ritorna in pressoché tutti
i miei libri

La piantammo nel '39
pochi mesi dopo la promulgazione
delle leggi razziali con cerimonia
che riuscì a metà solenne e a metà comica
tutti quanti abbastanza allegri se Dio
vuole
in barba al noioso ebraismo
metastorico

Costretta fra quattro impervie pareti
piuttosto prossime crebbe
nera luminosa invadente
puntando decisa verso l'imminente
cielo
piena giorno e notte di bigi
passeri di bruni merli
guatati senza riposo giù da pregne
gatte nonché de mia
madre
anche essa spiante indefessa da dietro
il davanzale traboccante ognora
delle sue briciole

Dritta dalla base al vertice come una spada
ormai fuoresce oltre i tetti circostanti ormai può guardare
la città da ogni parte e l'infinito
spazio verde che la circonda
ma adesso incerta lo so lo
vedo
d'un tratto espansa lassù sulla vetta d'un tratto debole

Die Rassengesetze

Die Magnolie wächst genau in der Mitte des Gartens
unseres Hauses in Ferrara und sie eben sie ist es auch
die in fast allen meinen Büchern
wiederkehrt

Wir pflanzten sie im Jahr 39
wenige Monate nach der Verkündigung
der Rassengesetze mit einer Zeremonie
die zur Hälfte ernst zur Hälfte komisch ausfiel
wir waren alle ziemlich heiter so Gott
will
gerade zum Trotz dem durch alle Zeiten verdrießlichen
Judentum

Eingezwängt in vier ziemlich enge
undurchdringbare Wände wuchs sie
schwarz und leuchtend um sich greifend
entschlossen auf den nahen Himmel
zuhaltend
erfüllt Tag und Nacht von grauen
Sperlingen und braunen Amseln
ruhelos beobachtet am Boden von schwangeren
Katzen und auch von meiner
Mutter
auch sie rastlos auf der Lauer hinter
dem immer von ihren Krumen überquellenden
Fensterbrett

Aufrecht von der Wurzel zum Wipfel wie ein Schwert
stößt sie über die umliegenden Dächer hinaus
jetzt kann sie die Stadt von allen Seiten sehen und den
unendlichen grünen Raum der sie umgibt
aber jetzt sehe
jetzt weiß ich sie unsicher
da sie plötzlich dort oben am Wipfel sich ausbreitet

nel sole
come chi all'improvviso non sa raggiunto
che abbia il termine d'un viaggio lunghissimo
la strada da prendere che cosa
fare

und plötzlich schwach ist
in der Sonne
wie einer unversehens da er das Ende einer sehr langen
Reise erreicht hat
nicht weiß welchen Weg gehen
was tun.

Paolo Ravenna
Eine Schule im Ghetto

Meine Erinnerungen an Bassani gehen auf die Jahre um 1940 zurück. Ich war 15 bis 16 Jahre alt, er, schätze ich, war zehn Jahre älter. Ich lernte ihn als den »Professor« kennen, denn ich war in der Tat sein Schüler an der kleinen jüdischen Schule in der Via Vignatagliata, die ich von 1938 bis 1943 besuchte (drei Jahre Gymnasium, zwei Jahre Lyzeum).

Im Herbst 1938 wurden alle jüdischen Jugendlichen mitsamt ihren Lehrern aus den öffentlichen Schulen entfernt. Es war dies der Auftakt der Politik zum »Schutz der Rasse«, die erste konkrete, ebenso leicht durchführbare wie spektakulär wirkende Maßnahme, die der Faschismus traf, um kundzutun, daß diese Gruppe von Bürgern unwürdig sei, auch nur in alltäglichen Kontakt mit den anderen zu treten, mit denen sie bisher zusammengelebt hatte. Es erübrigt sich, hier über die Traumata zu sprechen, die dieser Blitz aus heiterem Himmel verursachte, über die Solidaritätsbezeigungen, über alles, was damals vorfiel. Interessant dagegen erscheint mir, bei allem Vorbehalt gegen unvermeidliche Fehlleistungen des Gedächtnisses, der Versuch zu rekonstruieren, welche Reaktion die Gruppe der Ausgeschlossenen insgesamt darauf zeigte. Erfüllte diese Maßnahme, die sie demütigen und dem gesellschaftlichen Leben entfremden sollte, die mit ihr verknüpften Erwartungen?

Die Antwort lautet: nein. Eindeutig, wie angesichts jeder, auch der ausgeklügeltsten Gewalt, liefen die tatsächlichen Ergebnisse den erhofften zuwider.

In diesem kleinen Ferrara, wo die jüdischen Bürger seit der Öffnung des Ghettos vor fast einem Jahrhundert voll in das Leben der Stadt integriert waren, scharte sich die israelitische Gemeinde instinktiv zusammen, zur spontanen, natürlichen Verteidigung ihrer Würde, ihrer Identität und vor allem ihres Rechts, sich mit den anderen als Gleiche unter Gleichen in die Rechte und Pflichten zu teilen.

Wenn die Reaktion auch die verschiedenartigsten Formen annahm (von der Festigung oder Rückgewinnung religiöser Werte bis zur Weckung eines jüdischen Nationalbewußtseins und zur Emigration), so deckte sich das wahre und eigentliche Ziel eines jeden nach und nach mit der Verwirklichung des demokratischen Lebens, das der Faschismus für alle Italiener seit Jahren unterdrückt hatte.

Angesichts der irrationalen, nackten Aggression spürte diesen Aufbruch niemand deutlicher als die Jugend. Unsere plötzliche Isolierung bedeutete einen unmittelbaren, kaum vorstellbaren Bruch (ich denke an die plötzlich auf Abstand gehenden Freunde, an das Verbot, manche Orte zu betreten, an die sonderbarsten Überlegungen, die wir vor der Verrichtung nichtssagender Tätigkeiten anstellen mußten, an das Schweigen, das uns umgab und mit dem wir uns umgeben mußten, usw.).

Doch zugleich bereicherte uns gerade diese Isolierung um Werte, die für uns völlig neu waren, reiften sie doch heimlich heran in einem Klima der Unfreiheit und der totalen Anpassung.

Es bedarf auch keiner näheren Ausführung, was die Entdeckung eines anderen als des offiziellen Italiens, eines schweigenden, zählebigen, demokratischen Italiens bedeutete, wie hilfreich die Erkenntnis war, daß wir nicht allein waren und daß jenes andere Italien sich langsam auf uns zu bewegte, wie die Ereignisse es dann auch bewiesen haben.

Genau dieses Gefühl entwickelte sich an der jüdischen Schule in der Via Vignatagliata, wo sich die Lehrer und Schüler wieder trafen, die, wie gesagt, alle aus den öffentlichen Schulen entfernt worden waren.

Bassani gehörte zu denen, die am wirksamsten dazu beitrugen, daß wir Jungen nicht in einen nur zu verständlichen Verfolgungskomplex hineinschlitterten. Es war ein sehr bedeutsamer Abschnitt in Bassanis Leben, den, soviel ich weiß, nicht einmal er selbst je in seinen Schriften genauer untersucht hat, von kurzen Anspielungen in einigen Erzählungen abgesehen.

Ich glaube, er stand am Anfang seiner Unterrichtstätigkeit, und das merkte man auch. Wir studierten bei ihm Literatur, Kunstgeschichte, Latein und je nach Bedarf einige andere Fächer. Nein, er hatte nicht die Pünktlichkeit, die Zuverlässigkeit, die in der Schule von damals die Norm waren, eine Norm, die heute auch zu seiner eigenen geworden ist. Den Lehrstoff schaffte er wohl immer nur zur Hälfte; daher die Hetzjagd am Ende eines jeden Jahres, bevor wir an einer öffentlichen Schule, die wir dann ausnahmsweise betreten durften, Prüfungen ablegten, wie sie während der Kriegszeit den anderen Jungen erlassen wurden. Wie oft fielen seine Stunden aus, weil er sie vergaß oder einfach vergessen wollte.

Doch wenn er, manchmal verschlafen (er fuhr oft nach Bologna aus politischen oder literarischen Gründen, studienhalber oder einfach der Mädchen wegen), mit dem Fahrrad in der Via Vignatagliata ankam, flößte er uns sogleich einen heillosen Respekt ein. Denn kaum hatte die Unterrichtsstunde begonnen, als Bassani einen ernsten, gelehrten, oft beinahe pedantischen Ton anschlug, der nicht viel Vertraulichkeit zuließ. Eine Weile hielt er sich ans Lehrbuch, bis... ja bis ein plötzliches Reizwort ihn dazu verleitete, dasselbe mit immer weiteren kulturellen Bezügen zu verknüpfen und uns Jungen Perspektiven zu erschließen, die uns bis dahin völlig unbekannt waren. So führte er uns in den Dialog mit der Welt ein, die uns umgab.

Wohlgemerkt, Bassani sprach mit uns wenig über Politik, und Gott weiß, wie sehr uns die Tagesereignisse dazu drängten. Es war Krieg, die Deutschen schienen unbesiegbar, und die Aussichten für unsere Zukunft waren ziemlich düster. Aber davon sprach Bassani nie, vielleicht deswegen nicht, weil er die Politik, die echte Politik, die politische Verschwörung anderswo suchte. Wir wußten es, ahnten es, aber wir waren Knaben, mit denen man lieber nicht davon redete. Dagegen betrieb Bassani mit uns eine andere Art Politik, und das mit wahrer Leidenschaft. In unsere Schule, deren Schüler- und Lehrerzahl jetzt immer mehr dahinschmolz, drang die Stimme einer italienischen und ausländischen Kultur, die von den Lehrbüchern übergangen wurde. Bassani erzählte uns von Montale, er las uns aus Vittorini vor, wir entdeckten Russen wie Tschechow, wir lernten die brisanten Gesellschaftsthemen der amerikanischen Literatur kennen, es kam zur ersten Berührung mit Lorca. Wir merkten, daß die Geschichte Italiens ganz verschieden war von derjenigen, die in unserem Manaresi stand. In unsere Hände fielen die Essays von Pisacane, der für die Schulbücher nur der Freiheitsheld mit den

300 Freischärlern vor Sapri war. Wir entdeckten Benedetto Croce, Salvatorelli, die »roten« Bücher der Edition Einaudi und die »sepiafarbenen« von Laterza. Wir erfuhren flüchtig vom illegalen Kampf – von den Brüdern Rosselli, von »Giustizia e Libertà« –, und für kurze Zeit tauchte sogar eine verbotene Zeitung bei uns auf...

Und als wir, inzwischen auf zwei Schüler zusammengeschrumpft, in Bassanis stillem Studierzimmer im Erdgeschoß des Hauses in der Via Cisterna del Follo zum Unterricht erschienen, waren wir bereits imstande, das Werk der damals vom öffentlichen Kunstbetrieb ausgeschlossenen Künstler zu würdigen und zu lieben (ich erinnere mich voller Rührung, wie Bassani unter dem Arm ein Bild von Morandi anschleppte).

Mit wieviel Hinwendung und Ernsthaftigkeit verfolgte Bassani die ersten vielversprechenden poetischen Versuche seines anderen Schülers, meines Freundes Roberto, der dann mit 17 Jahren in Auschwitz verschwand. So führte uns Bassani an der Hand durch die bedrückende Atmosphäre des Alltags, hinaus aus dem düsteren Ring, der uns umschloß, indem er uns sehen und hören ließ, was die wirklichen Züge, die tatsächlichen Werte der italienischen Kultur waren, die er sodann in die Kultur Europas einbettete. Sein klarer Standpunkt, in dem sich die Thesen des Widerstands spiegelten, entsprach auch einem, wie schon angedeutet, unbewußten oder bewußten Bedürfnis, uns Jungen zu einer Art psychologischer Selbstverteidigung gegen die Gefahr der Opferlammhaltung und gegen die Furcht vor dem ungewissen Morgen zu erziehen, Gemütszustände, wie sie in Zeiten der Verfolgung leicht zu begreifen sind. Dieser Standpunkt, der auch anderen jungen Lehrkräften der Via Vignatagliata eigen war (unvergessen ist das Wirken der Matilde Bassani, die, mit Giorgio lediglich namensverwandt, später ebenfalls als tapfere Partisanin inhaftiert war), drückte sich immer in dem Bestreben aus, in uns ja nicht das Gefühl aufkommen zu lassen, als wären wir in einem moralischen Ghetto eingeschlossen (obschon ein solches Ghetto in unserer Provinzstadt mit Händen zu greifen war).

Dann kam, genau in den finstersten Tagen des Jahres 1942, ein erstaunlicher Augenblick, gleichsam ein erhellendes Blitzlicht, als Bassani mit uns die Aufführung einer spritzigen Komödie von Tofano (es war *Cenerentola e Bonaventura*, wenn ich mich recht erinnere) einstudierte. Es war ein – für uns der letzte – Augenblick der Euphorie, der Unbeschwertheit, gipfelnd in einem noch erstaunlicheren und fast unglaublichen Ereignis: Etwa die Hälfte der Zuschauer, die sich am Tag der Aufführung im Saal der jüdischen Schule drängten, waren Nichtjuden. Heute mag die Hervorhebung dieser belanglosen Tatsache ein ungläubiges Lächeln hervorrufen, aber damals war die spontane Überwindung der uns aufgezwungenen Isolierung von weittragender Bedeutung. Sie war eine kleine Niederlage in der täglichen psychologischen Kriegsführung der Faschisten und ein Sieg für die winzige Insel in der Via Vignatagliata.

Doch Bassani dachte noch an etwas anderes. Als nämlich, im Zusammenhang mit einigen Vorfällen in der Stadt, an der Schule die Furcht vor Gewalt umging, entstand ganz spontan ein Gymnastikkurs, der wöchentlich mehrmals am Abend stattfand. Ein jüdischer Boxer namens Primo Lampronti – anerkannter Meister im Leichtgewicht, den die Rassengesetze aus seiner sportlichen Laufbahn geworfen hatten – versuchte, uns die Anfangsgründe des Boxens und Ringens beizubringen; Bassani stand uns bei dieser Initiative mit Rat und Tat zur Seite. Die praktischen Ergebnisse waren natürlich gleich Null, aber wie hätte man übersehen können, daß auch in dieser naiven Anwendung des Notwehrprinzips ein Beitrag zu unserer Erziehung enthalten war: Erziehung zur Zurückweisung des Untermenschenetiketts, das man uns anzuheften versuchte.

Dann kam alles ganz plötzlich: Eines Tages wurden wir angerufen, daß der Unterricht ausfalle. Es war im Frühjahr 1943. Bassani war verhaftet worden. Einige Tage später ereilte Matilde Bassani, den Boxer Lampronti und andere dasselbe Schicksal. Die Schule in der Via Vignatagliata leerte sich, hörte auf zu existieren. Es folgte die Pause des 25. Juli. Am 9. September: Flucht, Deportation ohne Wiederkehr. Am 25. April: die Befreiung. Die Zukunft brach an, die zu leben Bassani uns seit langem gelehrt hatte und die nur zu viele meiner jungen Kameraden nicht erleben durften.

Giorgio Bassani
Rom, Winter 44
Blätter aus einem wiedergefundenen Tagebuch

Als ich vor einigen Monaten alte Papiere ordnete, fand ich ein ungefähr vierzig Seiten starkes Heftchen; es war ein Tagebuch, das ich im
Januar / Februar 1944, während der deutschen Besatzung von Rom,
geführt und seither völlig vergessen hatte. Ich las das Tagebuch nicht
ohne Mühe (meine Handschrift hat sich in der Zwischenzeit sehr
verändert). Und da ich mich selbst, im Gegensatz zu meiner Handschrift, nicht sehr verändert habe, hielt ich es für lohnenswert, es zu
veröffentlichen, als Beitrag zum Bild der intellektuellen und moralischen Entwicklung eines jungen Schriftstellers, der zur sogenannten
mittleren Generation gehört.

Ich lasse es abdrucken, wie ich es vorfand, außer daß ich die Ab-
kürzungen der Eigennamen verändere. Vorab jedoch möchte ich die
Schärfe einiger meiner Urteile über die Politik des Vatikans erläu-
tern. Ich kam aus Ferrara, wo ich von 1937 an leidenschaftlich an der
antifaschistischen Verschwörung teilgenommen hatte. Meine Ideale
waren die der Aktionspartei[1]. Die Rückgewinnung Roms durch
den Papst als den »defensor civitatis« erschien mir sofort als keineswegs vorübergehend, sondern vielmehr als endgültig. Ich sah damit
den politischen Traum scheitern, der mir geholfen hatte, die bitteren
Jahre der Rassenverfolgung zu überleben.

Dienstag, 25. Januar 1944

»Rom ist wie eine große Hure, die darauf wartet, von den Englän-
dern gevögelt zu werden, so wie sie sich von den Deutschen hat
vögeln lassen.«

Unter all den Reden, die ich hier in Rom während dieser Tage des
Wartens hörte, erschien mir diese aus dem Mund von C. – er

schwang sie gestern, während rosarot und unbeirrbar die Sonne unterging – als die bemerkenswerteste.

Heute habe ich Q. wiedergesehen, es war vor dem Adriano-Kino. Q. war während der letzten Jahre ein Günstling von Bottai [2] gewesen (im Esperia hielt er vor einigen Tagen eine schwache Verteidigungsrede zugunsten seines alten Gönners gegen meine zugegebenermaßen jakobinisch-derbe Beredsamkeit).

Groß und vierschrötig, verkörpert er den »padano«, den sinnenfreudigen und lebensbejahenden Menschenschlag der Poebene; das norditalienische Bürgertum weist häufig Physiognomien ähnlich der seinen auf. Q. schwitzt Berechnung und Schlauheit aus allen Poren seiner groben, geröteten Haut, der Haut des noch nicht lange stadtansässigen Bauern. Anstatt mich zu hofieren, wie ich anfänglich glaubte, tut er so, als wolle er mich protegieren. Er vertraute mir an, daß er in der Redaktion des *Risorgimento liberale*, der er angehörte, die »Innenpolitik« übernehmen werde. Q. kennt eine Menge Leute, von denen er mir von Mal zu Mal welche vorstellt. Unter anderen lernte ich durch ihn einen gewissen F. kennen, Redakteur am *Popolo di Roma*, einen illusionslosen, sarkastischen, nicht unsympathischen Mann um die Vierzig. Eine eigentümliche Atmosphäre moralischer Zweideutigkeit umgibt alle diese nach festen Bezügen hechelnden Literaten, eine Atmosphäre, die sich ungeachtet der glänzenden journalistischen Aufmachung im Stil des *Omnibus* auch in den etwas strengen und steifen, dafür aber politisch dünnen und aktualitätsfernen Spalten des *Risorgimento* niederschlägt. Die liberale Partei, wie ich sie bis jetzt kennengelernt habe, erscheint mir vor allem als ein gewichtiges journalistisches Unternehmen, geboren aus Absprachen zwischen begrenzten literarischen Cliquen und kapitalkräftigen Geldgebern. Von Zeit zu Zeit wird als Köder für reine Seelen und nostalgisch Gestimmte der eine oder andere große Name geraunt: Benedetto Croce, Luigi Einaudi... Und zur Besiegelung des Bündnisses winken Berge von 1000-Lire-Scheinen (100000 Lire trug der wackere Q., wie er mir vertraulich mitteilte, in der Brieftasche), alle für Papier gespendet, um der Zeitung einen Monat Leben zu garantieren. Vorläufig den ersten Monat, heißt es, denn der Betrieb hat durchaus die Absicht, sich auf längere Zeit einzurichten und zu gedeihen.

Rom erwartet die Anglo-Amerikaner mit der Sehnsucht von Verfolgten, wie wir es sind, und der freudigen Erregung von Abenteurern, von denen die Stadt wimmelt. Jeden Augenblick rechnet man mit Gewehrfeuer. Heute wurde die Ausgangssperre auf fünf Uhr nachmittag vorverlegt, wegen zwei Bomben, die, wie verlautet, vor dem Café Flora geworfen wurden. Der Rundfunk hat mehrmals gemeldet, daß das deutsche Oberkommando 200000 Lire Belohnung für Hinweise zur Ergreifung von Attentätern aussetzt, bei deren Sprengstoffattentat zwei Frauen ums Leben kamen. Aber ich glaube, die Attentäter werden niemanden die 200000 Lire verdienen lassen, da sie längst wieder im Häusermeer von Rom untergetaucht sind. Im übrigen haben die Deutschen jetzt andere Sorgen. Der Monsignore, der in meiner Pension wohnt, erzählte mit vatikanischer Vorsicht, er habe mit eigenen Augen einen Major der Wehrmacht, der »sonst kühn wie ein Löwe« sei, wie ein Kind weinen sehen. Die Deutschen haben, was noch vor einigen Jahren undenkbar gewesen wäre, keine Flugzeuge, es fehlt ihnen an Menschen und Kanonen, an Munition und Treibstoff. Sie sprengen die Via Casilina in die Luft. Der Rückzug von Casino scheint schon in Gang zu sein, allerdings durch das Gebirge der Abruzzen hindurch, an Rom vorbei. Die Mittagsnachrichten meldeten den Einmarsch der Engländer in Aprilia.

Gegen Abend kam den letzten Passanten, die nach den letzten Straßenbahnen Ausschau hielten, ein etwa fünfzigjähriger Offizier der Guardia Repubblicana[3] entgegen, das metallene Totenkopfabzeichen an der Baskenmütze, die schief in ein verlebtes und vorzeitig gealtertes Gesicht gedrückt war. Er ging, beidseitig untergehakt, zwischen zwei Mädchen. Im Vorbeigehen fing ich seine Worte auf: »Weißt du, wie man auf neapolitanisch zu Francesca sagt? Nein? Man sagt: ›Ciccia‹.«* Die Leute drehten sich flüchtig nach ihm um, furchtsam und hämisch zugleich, wie es der Pöbel beim Anblick eines zum Schafott geführten Bösewichts immer getan hat.

* Fleischbällchen, Anm. d. Übers.

Die ganze Nacht dauerte der Regen, von Hagel und Sturmböen begleitet. Wir konnten nicht schlafen. Seit heute morgen ist das Wetter wieder schön, und alles deutet darauf hin, daß es so bleibt. Heute hieß es im Radio, die Engländer seien in Velletri, also nur einen Katzensprung von hier; trotzdem ist kein Schuß zu hören, die Stadt ist wie von einem Bannkreis umgeben. Gegen Mittag begegnete ich T., der jetzt bartlos ist, aber wie immer geheimnisvoll tuschelt. Danach M., mit seiner sprudelnden Heiterkeit des Romagnolen, erst seit kurzem hier in Rom, nach vielen Widerwärtigkeiten. Es war ein Fest, sich wieder zu treffen. Ich sah auch G., jenen N. G. aus Ferrara, den streitsüchtigen Mieter meines Vaters, der jetzt mit der Herzlichkeit eines alten Freundes auf mich zukam. Er erzählte mir von der Bewegung, von seiner Mitarbeit an der gemeinsamen Sache; er ist innerhalb der Aktionspartei schon fast eine Figur, mit der man rechnen muß. Seine Dreistigkeit brachte mich in Verlegenheit. Ich erinnerte mich an ihn in seiner Faschistenkluft im Gefolge von Gaggioli, von Baraldi, von Lino Balbo, dem halbamtlichen Photographen des *Padano*. Jetzt wird selbstverständlich auch er von der Polizei gesucht. Lohnt es sich, den anderen reinen Wein einzuschenken? Ach was, die Advokaten bleiben doch immer Advokaten, und die Aktionspartei wird inmitten der Schwatzhaftigkeit der Advokaten und ihrer Klienten untergehen.

Heute abend schauten wir von der Terrasse der Pension zu den Castelli hinüber. Die Sonne, die sich in fernen Fensterscheiben widerspiegelte, entflammte die Dörfer am Hang des Hügels von Rocca di Papa. Einen Augenblick glaubten wir allen Ernstes an von flüchtenden Soldaten gelegte Brände. Flammen züngelten, doch kein Rauch wurde sichtbar. Kurz darauf war alles erloschen. Während ich schreibe – es ist bereits Nacht –, höre ich über meinem Kopf das Brummen der schweren deutschen Transportmaschinen auf ihrem Weg nach Süden.

Donnerstag, 27. Januar 1944

Auch gestern abend das nunmehr gewohnte Kartenspielen mit Pensionsbekanntschaften: dem Hörspielsprecher, dem evakuierten Bankdirektor, dem auf die Vierzig zugehenden Fräulein. Wir spielten bis spät in die Nacht, bis wir uns alle vor Müdigkeit kaum mehr aufrecht halten konnten. Doch später im Bett wollte der Schlaf nicht kommen; und immer wieder weckte uns das dumpfe, beharrliche Dröhnen der Flugzeuge.

Die Nachrichten vom Kriegsschauplatz sind heute höchst widersprüchlich. Den Frühnachrichten zufolge liegen die Engländer in der Umgebung von Albano, aber später wurde die Nachricht von mehreren Leuten in Abrede gestellt. Der selbstsichere Ton von Radio Rom und der vorsichtige Kommentar des *Candidus* von gestern abend haben die Begeisterung gedämpft und die Erwartungen enttäuscht. Die Dinge werden sich wohl in die Länge ziehen. Die romantische Vorstellung von Blut, das die einsame und schwermütige römische Campagna tränkt, verursacht mir seit gestern abend eine Art wehmütige Gefühlsaufwallung. Nachmittags horchten wir auf dem Viale del Pincio, neben der Büste von Chateaubriand stehend, auf die dumpfen und sich immer wiederholenden Abschüsse der Artillerie. Die Leute scherten sich weder um die Artillerie noch um die kurz danach aufheulenden Alarmsirenen. Das beglückend lässige Nachmittagsflanieren auf dem Pincio ging trotzdem weiter, fast mit der Eleganz von anno dazumal.

Und doch: Den Krieg hörten wir, als wir die Treppe von Trinità de' Monti hinabgestiegen waren, aus viel größerer Nähe als gestern. Den Corso entlang nichts als dahineilende Lastkraftwagen, Sanitätsautos, mit grünem Laub getarnte Panzerwagen, verschmutzte und erschöpfte Soldaten. Mitten auf dem Corso ein Betrunkener, der »Tod den Deutschen« schreit und zwei Bürger, die ihn unterfassen und fast liebevoll in Richtung Palazzo Wedekind wegführen. Gleich darauf ein anderer Typ, der hart an der Häusermauer entlangläuft und, die Augen hervorquellend, wie besessen »Die Italiener sind alle Schweine« vor sich hinknurrt. Die Leute entlang dem Corso bleiben, die Hände auf dem Rücken, auf dem Bürgersteig stehen und schauen belustigt zu.

Doch jetzt lasse ich mich, durch die Fensterscheiben unseres

Zimmers hindurchblickend, abermals von einem zauberhaften Sonnenuntergang überwältigen, der so intensiv violett und scharlachrot leuchtet, wie ich es noch nie gesehen habe; Streifen reinen Himmels, so grün wie die Iris mancher Mädchenaugen, öffnen sich zart zwischen flammendroten Wolken; darunter die schon ins Dunkle getauchte Piazza Cavour, auf der die Straßenbahnschienen, kalt glänzend, das menschenleere Pflaster wie mit bläulichen Adern durchziehen.

Montag, 31. Januar 1944

Seit Donnerstag verstreichen die Tage in nervenaufreibender Stille. Ich habe keine Lust, zu arbeiten oder zu lesen. Aber Hunger habe ich, mehr denn je. Der Rundfunk schweigt sich aus. Dennoch hat man das Gefühl, daß sich wichtige Dinge anbahnen. Den Krieg bemerkt man nur daran, daß unsichtbare Flugzeuge in sehr großer Höhe ab und zu die Stadt überfliegen. Rom ist von einem fast pausenlosen dumpfen Grollen von Detonationen umgeben. Vorgestern sah man vom Palatin aus, der sanft von blauer Luft und der Nachmittagssonne umspielt wurde, wie am Horizont ein Gewitter aufzog. Aber dies störte weder die vielen Pärchen, die, im Gras umschlungen, freizügig Zärtlichkeiten austauschten, noch das Rudel johlender und rauflustiger Burschen, die zwischen den abgebrochenen Säulen und halb in der Erde vergrabenen Kapitellen Fußball spielten. Der Krieg, die Gefahr ganz allgemein, verführt zu einer Entfesselung der Triebe, zu heidnischer Selbstvergessenheit. Merkwürdig mutet auch an, wie der ganze Bereich des Forum Romanum, seitdem der steife, bombastische Betrieb der faschistischen Propagandamaschine ins Stocken geraten ist, allmählich wieder zu seinem einsamen und romantischen Leben zurückgefunden hat. Das Gras wächst mit neuer Kraft, üppig und wuchernd. Die Gittertore und -zäune, die das Gelände absperrten, sind von dichtem Moos bedeckt, die Schlösser bersten, vom Rost zerfressen. Die stolzen Marmordenkmäler bilden sich langsam zurück zu Steinblöcken in einem feuchten Trümmerfeld. Und doch: Obwohl sich die Stunde der Ausgangssperre nähert, laufen zwischen den Ruinen noch immer Gruppen deutscher Soldaten zur Besichtigung herum. Sie werden von freundlichen, geschäftigen Priestern begleitet, deren lange, schwarze Soutanen lebhaft und irgendwie mütterlich im wachsenden Schatten wallen. Die Fledermäuse stoßen im Sturzflug auf die Wasserpfützen herunter, die matt in der Dunkelheit leuchten. Erst seit heute morgen ist die Erregung der ersten Tage nach der alliierten Landung an der Küste Latiums, als die Lage der Deutschen unhaltbar schien und man sich auf die Einnahme Roms von einer Stunde auf die andere gefaßt machte, wieder spürbar. Das Geschützfeuer ist plötzlich nähergerückt – ab und zu erzittern die Fensterscheiben – und hört sich jetzt an wie ein ununterbrochenes, dumpfes, drohendes Grollen, das sich manchmal zu längeren Wutausbrüchen, zu krachenden Donnerschlägen steigert. Daß sich etwas in der Stimmung verändert hat, zeigt das Verhalten der Deutschen: Während sie sich in den letzten Tagen unaufmerksam, fast gleichgültig gaben, wirken sie heute gereizt und fieberhaft erregt. Unser Monsignore teilt uns mit, daß sie das ganze Viertel von Centocelle durch Sprengungen verwüsten, die Via Flaminia befestigen und die Casilina unpassierbar machen. Nicht genug damit: Nach einem geruhsamen Vormittag, den ich in den Buchläden rings um das Pantheon und die Biblioteca Nazionale verbrachte, fand ich, zur Pension zurückgekehrt, das ganze Haus in panischer Aufregung. Die Deutschen hatten doch tatsächlich, so wie sie es immer machen, wenn sie Männer brauchen, die Via Nazionale und andere Straßen im Umkreis des Bahnhofs abgeriegelt. Die Männer innerhalb der Absperrung wurden, ungeachtet ihres Lebensalters, wie Vieh auf Lastwagen verladen und weggefahren. Der Entladungsort für das Menschenmaterial war diesmal die Kaserne Castro Pretorio. Im Hof der Kaserne drängte sich, wie mir einer erzählte, der durch Seitenstraßen Reißaus nehmen konnte, Kopf an Kopf eine verwirrte und niedergeschlagene Menge fluchender, protestierender und weinender Männer. Das Gewühl wurde von einer Postenkette harter, ungerührter und bis an die Zähne bewaffneter Soldaten bewacht und zusammengehalten. Draußen, vor dem Eingang, herrschte ein Gedränge verzweifelter, wütender, halb wahnsinniger Frauen – Gattinnen, Mütter, Schwestern, Töchter –, die sich an das geschlossene Gittertor klammerten. Es sah aus, als rechneten die Gefangenen damit, daß jeder zehnte von ihnen erschossen würde, so verzagt waren sie. Aber wer weiß? Vielleicht würden sie nur eingesetzt werden, um

Straßen instand zu setzen oder Schützengräben für den Krieg der Deutschen auszuheben. Heute morgen allerdings wurde im Radio zwischen zwei Schlagermelodien eine Liste von zehn Geiseln verlesen, die wenige Stunden zuvor wegen »Vorbereitung von Sabotageakten gegen die deutschen Streitkräfte« hingerichtet worden waren. Aber auch umgekehrt: Gestern in der Nacht sind auf der Risorgimento-Brücke die von Revolverkugeln durchsiebten Leichen von zwei deutschen Soldaten gefunden worden. Mittags traf ich auf der Piazza Colonna, neben dem Palazzo Wedekind, V., A. und L. Sie verteilten heimlich Handzettel. Es erinnerte an ein Spiel unter Schuljungen. Wie um diesen anheimelnden Eindruck noch zu verstärken, tauchte auf einmal wie aus dem Nichts das vertraute Gesicht eines Herrn auf, dem ich, ohne ihn namentlich zu kennen, oftmals zwischen dem Duomo und dem Castello in Ferrara begegnet war. Als ich seine schleppende, herzliche Stimme hörte, konnte ich mich des Lachens nicht erwehren; es war wie auf einem Ferienfest.

Dienstag, 1. Februar 1944

Ich bleibe den ganzen Tag zu Hause. Hier in der Pension lernte ich einen gewissen Dr. Gatto kennen, einen Freund jenes Roffi; er stammt aus Bologna, ist Professor in Ferrara und wurde mir vor einiger Zeit von Bert vorgestellt. Er hat in Bologna Medizin studiert, zu einer Zeit, als ein Medizinstudium in Bologna noch etwas galt: in den Jahren von Putti, Nigrisoli, Pincherle usw. Er ist ganz durchdrungen von Humanismus und geistigem Elan. Während ich ihn über dieses und jenes argumentieren oder auch nur plaudern hörte, gewann ich bei ihm den Eindruck einer ausgeglichenen Harmonie, einer lebhaften und abwägenden Intelligenz. Er hört sich beim Sprechen gerne zu, auch dies ein Merkmal der Schule, aus der er stammt. Seine Gelehrsamkeit ist nicht gerade umwerfend, ich würde ihn eher gebildet nennen. Er hat den sicheren Geschmack, der das Kennzeichen einer umfassenden und tiefgründigen Kultur ist. Wir sprachen über Musik und Dichtung. Auch über Bologna. Er kam erst vor kurzem aus Kroatien, wo er als Soldat den Krieg mitmachte (er erzählte von tiefen, finsteren und modrigen Wäldern) und wo ihn der Waffenstillstand überraschte. Um sich nach Italien durchzuschlagen, mußte er 250 Kilometer in fünf Tagen zu Fuß zurücklegen, immer auf der Hut vor deutschen Gefangenenlagern, Vergeltungsaktionen der Partisanen, Grausamkeiten der Ustascha-Verbände, mit einem Wort: vor dem Hexenkessel des Balkans. Er gab mir ein Tagebuch zu lesen von all dem, was er, in einer vielleicht unbewußten Anlehnung an D'Annunzio, sein »verzweifeltes Abenteuer« tituliert. Es liest sich wie eine Erzählung von Stevenson. Die Angst und Not der Flüchtenden löst sich zu guter Letzt in Wonne auf, als blonde, blauäugige Partisanenmädchen, allesamt mit Pistole und Dolch bewaffnet, eine Suppe zubereiten und ein bewußtloser Schlaf die Anstrengungen des Gewaltmarsches vergessen läßt. Der Heuboden duftet wie ein Brautgemach, draußen glänzt der Septembermond über schweigenden Wäldern. »Eine Postkartenlandschaft«, wie der Verfasser anmerkt. Ich dagegen denke an Friaul, wie es Nievo auf den ersten Seiten seiner *Bekenntnisse* schildert, an seine grünen Hügel, seine Schlösser, seine Briganten. Doch außer dem literarischen Reiz, der von dem faszinierenden Erlebnisbericht ausgeht, bewegt mich im Tagebuch dieses italienischen Offiziers ein Gerechtigkeitsgefühl, das sich immer wieder aufbäumt beim Gedanken an die in den Gefangenenlagern ohne Wasser und Nahrung zusammengepferchten Kameraden wie auch an jene, die ihre Uniform ausziehen und sich verstecken mußten, um dem äußeren und inneren Feind, den Deutschen und den Faschisten, zu entgehen. Nur gemeinsam erlittenes Leid kann den Bruder dem Bruder, den Verbannten ihr Vaterland zurückgeben.

Mittwoch, 2. Februar 1944

Lange Stunden, die kaum totzuschlagen sind. Alle bleiben im Speisesaal, um Karten zu spielen und zu rauchen. Die Mischung aus Tabak und Kamillentee, die ich aus Gründen der Ersparnis rauche, macht mir den Kopf schwer. Als es Alarm gibt, treten wir auf die Terrasse hinaus. Der Kanonendonner ist jetzt ganz nah, ein pausenloses Gepolter, das erst gegen Abend nachlassen wird. Die Schlacht tobt jenseits der Albaner Berge, unter einer trüben Dunstglocke. Nach einer Weile gehen wir, schläfrig und ungeduldig, ins Haus zurück. Wir irren wie ruhelose Gespenster in den halbdunklen Zimmern umher, lauschen dem gedämpften Kanonendonner und schauen von Zeit zu Zeit auf die Uhr. (Letzte Nacht dachte ich an Ferrara und konnte dabei nicht schlafen. Eine ländliche Stadt mit goldenen Getreidegarben entlang den Straßen, auf denen langsame Ochsengespanne dahinrollen; Veilchenwiesen und Heuhaufen; niedrige Häuser und Küchen im Erdgeschoß. Und alles menschenleer, wenn ich abends von den Feldern zurückkomme.)

Sonntag, 6. Februar 1944

Seit vier Tagen schweigen die Kanonen; allem Anschein nach machen die Deutschen Gegenangriffe, ist Rom nicht mehr bedroht. Den Corso Umberto entlang fahren schon die ganze Woche starke Panzerverbände, darunter die berühmten Tiger, welche die blauen Kinderaugen der jungen deutschen Dame, der ich am 10. September in Florenz, in der Straßenbahn zum Viale dei Colli, begegnet war, mit so wildem Stolz erfüllt hatten. Ich erspähte ein Lächeln der Genugtuung auf den Lippen eines Bürgers, der vom Gehsteig aus zuschaute. Ähnelte ihm nicht ein bißchen das Lächeln des alten Saviotti beim Einmarsch in Albanien? (»In unserem Viertel wußte man das schon lang; toll, wie wir das hingekriegt haben.«)

Man hat durch den Corso 800 anglo-amerikanische Kriegsgefangene geführt. Val hat sie gesehen, sie erzählt es mir voller Aufregung. Sie schritten lachend durch die schweigsame Menschenmenge, scherzten mit den deutschen Wachposten und spreizten Zeige- und Mittelfinger der erhobenen Hand zu einem V, dem Anfangsbuchstaben des englischen Wortes »victory«. Sie haben, wie man hört, alles andere als ein militärisches Auftreten, wie eben Leute, die sich freuen, daß der Krieg für sie zu Ende ist, und die sich ihrer Sache sicher sind. Einer von ihnen, ein spindeldürrer Blonder, drehte sich im Vorbeigehen an einem Café nach dem Kellner um, der am Pfosten der Eingangstür lehnte, sprach ihn mit »Paesà«* an und verlangte mit Gebärden und Grimassen etwas zu trinken. Dieses »Paesà«, das er von italienischen Soldaten in den Abruzzen gelernt hatte, ließ das Publikum in Lachen ausbrechen.

* Landsmann, Kamerad, süditalien., Anm. d. Übers.

70

Es scheint, daß die Razzien bis auf weiteres aufgehört haben. 10000 Personen sollen sich im Arbeitseinsatz befinden. Nach einer Woche Klausur wagt man sich wieder auf die Straße, wo bei gleißendem Sonnenschein ein eiskalter Wind weht.

Mittwoch, 9. Februar 1944

Seit einigen Tagen wütet eine Fehde zwischen den verschiedenen durchweg neofaschistischen Tageszeitungen der Stadt und dem *Osservatore Romano*. Anlaß ist das Eindringen der Polizia repubblichina in die Basilica di San Paolo in der Nacht vom 3. auf den 4., wodurch Exterritorialitätsrechte verletzt wurden. Aufgegriffen wurden etliche Offiziere (darunter ein General), die obligaten Juden, ein paar junge Männer aus guter Familie auf der Flucht vor der Einberufung zum faschistischen Militär, einige Arbeiter und sogar einige Exmitglieder der Geheimpolizei. Die römischen Zeitungen veröffentlichen dieser Tage mit der für sie typischen Grausamkeit die grotesken Bildaufnahmen dieser als Priester und Mönche verkleideten Unglücklichen. In der Hitze der Polemik läßt sich so mancher Journalist zu lyrisch-epischen Ergüssen hinreißen, die zu einer ganz anderen Kriegsberichterstattung passen würden und in denen vom Mond, von nächtlich wiehernden Pferden, gestörter Nachtruhe und geglücktem Handstreich die Rede ist. Doch die grobe, fast möchte ich sagen: naiv-gewalttätige Bildhaftigkeit dieser Leute (die kein anderes Gesetz kennen) stößt vielleicht weniger ab als die grinsende, mit boshaften Schlußfolgerungen gespickte Heuchelei der verschiedenen »intellektuellen« Tartuffe-Naturen vom Schlag eines Spampanato, des letzternannten Chefredakteurs vom *Messaggero*.

Dessen offen hervortretende Bosheit, die Geschicklichkeit, mit der er in Augenblicken der Waffenruhe mit Schmeichelei und gewinnendem Lächeln Zeit gewinnt, um sich dann der steigenden Flut von Gewalt und entfesselter Wut anzuschließen, die buntschillernde Kunst, in seinen täglichen Äußerungen starken Tobak mit fast weiblichen »sensibileries« zu mischen, die Fähigkeit, das niedere Volk (vor allem aber das letzte verzweifelte und ausgeblutete Aufgebot des italienischen Bürgertums, auf das der waidwunde Faschismus sich immer noch zu stützen versucht) an der Kandare zu halten und dabei so zu tun, als lasse man die Zügel schleifen, das alles offenbart einen menschlichen Charakter von außerordentlich negativer Komplexität. Zweifellos verkörpert Spampanato aufs Haar den »giornalista repubblichino«: offenes Gesicht, vorurteilslose und herzliche Umgangsformen, »aufrichtige« Gefühlsäußerungen, zupackender, wenn auch hier und da salopper Stil, der nach Revoluzzertum, nach »republikanischem Neoklassizismus« riecht. Daß dies dem Zeitgeist entspricht, zeigt das Beispiel und in gewissem Sinn der Erfolg von M. Giobbe in Florenz, der dem von Spampanato in Rom nicht nachsteht. In Momenten der Nachsicht und der guten Laune frage ich mich, ob nicht ein großer Künstler sich vorteilhaft der Argumente und Äußerungen dieser Leute bedienen könnte: ein großer Künstler, der von der hohen Warte schmerzlicher Melancholie einen hochintelligenten Schurken zu einer denkwürdigen Katastrophe eine Ansprache halten ließe. Und ich erinnere mich an Ser Ciappelletto in seiner Todesstunde, Frate Cipolla unter den Bauern von Certaldo* und vor allem an Shakespeares Marcus Antonius an der Bahre Cäsars. Allerdings bleibt in unserem Fall die Katharsis aus. An kaum wahrnehmbaren Merkmalen, vielleicht nur an geringfügigen Äußerlichkeiten, erkennt ein geübtes Auge bald, daß es sich hier um ausgesprochen vulgäre Typen handelt, denen man auch dann keine mildernden Umstände zubilligen darf, wenn sie letzten Endes in gutem Glauben handeln. Wären sie wenigstens abgebrühte Skeptiker! Das eigentlich Schlimme ist jedoch, daß diese Herren »glauben«. Und woran glauben sie? An die Wirksamkeit von Trick und Trug. Wir haben es mit dem Typ des italienischen Scharlatans zu tun, dem »Schlitzohr« (wie Dr. Gatto sagen würde), der glaubt, daß es immer Mittel und Wege gibt, um sich durchzuschlängeln; man muß nur Köpfchen haben...

Ich kopiere aus dem *Osservatore Romano* von heute: »Das Vikariat von Rom warnt davor, daß einige Männer und Frauen italienischer und anderer Staatsangehörigkeit sich in Priester- und Ordenskleidung in der Stadt herumtreiben. Die Gläubigen, besonders die Leiter und Gemeinden der Rektoratskirchen, mögen sich vor unbekannten Personen, die sich ihnen in dieser Kleidung vorstellen, hüten, auch wenn diese im Besitz eines vom Vatikan ausgestellten und mit Sichtvermerk versehenen Ausweises sind.«

* Figuren aus Boccaccios *Dekameron*, Anm. d. Übers.

Jawohl! Der Vatikan, der mit gemessener Beredsamkeit auf jeden ungehörigen Angriff einer Meute von Gewaltfanatikern antwortet, wirkt stets durch seinen gebildeten und vornehmen Ton, auch wenn er nur dann und wann aus einem entfesselten Chor betrunkener Gröler herauszuhören ist. In Ermangelung jeder anderen zuverlässigen Quelle ist es jetzt – übrigens schon seit einigen Jahren – allein der *Osservatore*, der dem gemäßigten Bürgertum Tag für Tag ein wenig Trost, ein bißchen Hoffnung spendet. In dem allgemeinen Niedergang, in der beängstigenden Ungewißheit, die den in Pensionen hausenden Beamten- und Rentnerfamilien so zu schaffen macht (Roms Pensionen wimmeln von Evakuierten aus dieser Gesellschaftsschicht), bietet der *Osservatore* stets einen Halt, vertritt er doch die alte, gemäßigt liberale Richtung, die sich dem zerknirschten Gewissen dieser ernüchterten Imperialisten von neuem empfiehlt. Unter solchen Umständen darf es nicht überraschen, daß das Sprachrohr des Vatikans immer mehr die Funktion eines Blattes der idealen Linken übernimmt. Mit geradezu schwärmerischer Begeisterung gelesen, wird er den Zeitungsverkäufern geradezu aus der Hand gerissen. In Wirklichkeit ist der *Osservatore* auch heute noch eine zutiefst reaktionäre Zeitung, was allein schon aus der von mir oben zitierten Warnung zu ersehen wäre. Diese ist in ihrer Art ein Meisterwerk der Heuchelei: Indem sie, ohne Anstoß zu erregen, in die Hände des Feindes arbeitet, entschärft sie zugleich das ohnehin nur theoretische Risiko des auf Seite 1 abgedruckten polemischen Artikels. Übrigens weiß man ja: Der *Osservatore* kann kein Tendenzblatt sein, weil eben die Kirche selbst heute eine im Grunde tendenzfreie Institution ist. Nichts zeigt deutlicher als die beredsamen und literarisch hochwertigen Evangeliumsabwandlungen des täglichen vatikanischen Feuilletons die geistige Dürre, in der die Kirche gelandet ist, ihr unerschöpfliches Talent, fremde Impulse zu verkraften und aufzusaugen, ihre Neigung, sich dem Schlendrian anzupassen. Die Anklage, die ein Arbeiter vor einigen Tagen gegen die Kirche erhob, sie sei für die Reichen da, im Gegensatz zum Evangelium, das es mit den Armen halte, wurde von einer offenbar in liberal-demokratische Tinte getauchten Feder mit der typisch faschistischen These: »Kritisiert die Menschen, nicht die Institutionen!« zurückgewiesen. Das übliche zweideutige Manöver, angesichts dessen auch das Hin und Her malerisch wallender Soutanen auf den Straßen Roms und in den Vorzimmern der Klöster zugunsten Vertriebener und Entrechteter, ja auch deine stille, wohltätige Arbeit, lieber P. B., und das gütige Leuchten deiner ernsten und sanften Augen Mißtrauen und Argwohn wecken. Ein bißchen wie jene christliche Kunst zum Zweck der Andacht und Erbauung, die vor einigen Tagen in einem offensichtlich halbamtlichen und dennoch irgendwie unverbindlichen Artikel des *Osservatore* gefordert wurde.

Und doch ist auch Oberst P., ein sizilianischer Gast unserer Pension, den guten Patres der Basilica di San Paolo zu Dank verpflichtet, da er sich noch bis gestern dem faschistischen Gestellungsbefehl und der deutschen Polizei entziehen konnte. Er scheint einer der wenigen zu sein, denen es in der bewußten Nacht gelang, hinter einem Schornstein des Abteidaches versteckt, seiner Verhaftung zu entgehen. Von jungenhafter Lebendigkeit in Gebärde und Blick, bezeugt er vom Scheitel bis zur Sohle die unstete Betriebsamkeit seiner Rasse. Mit seinen 46 Jahren hat er schlohweiße, aber immer noch dichte Haare. So erregt war er nach der ausgestandenen Gefahr, daß man die ersten zwei bis drei Abende nach seiner Ankunft hier mit ihm diskutieren mußte. Er ließ keinen in Ruhe. Allerdings war die Nervosität zu einer allgemeinen geworden, aufgrund der Wendung, welche die militärischen Operationen um Rom herum seit den letzten Tagen genommen hatten. Das Artilleriefeuer, das fast sympathische, väterlich-begütigende Grollen der vorrückenden Großkaliber war verstummt. Jetzt, in der unbewegten, drückenden Stille, verschlug es auch dem armen Oberst die Rede, und er zog sich in kleinlautes Schweigen zurück. Man erzählt sich, daß er sich gestern, als er die Treppe zu einem Spezialisten für Nervenkrankheiten hochstieg, mittendrin auf eine Stufe setzen mußte. Wir sehen ihn nur beim Abendbrot. Die anderen Mahlzeiten nimmt er, glaube ich, bei einem Verwandten oder in einem anderen Kloster ein. Er ist völlig pleite und hat seit dem Abenteuer von San Paolo auch nichts mehr anzuziehen. Seit 1938 verheiratet, denkt er unablässig an seine junge Frau in Sizilien, die seit September keine Nachricht mehr von ihm hat. Er schläft auf einem Behelfsbett im Korridor, nicht weit vom Bedienstetenzimmer entfernt.

Zu einer anderen Zeit hätte ich ihn aufgrund seines sich dauernd auf den gesunden Menschenverstand berufenden Polemisierens, seines eng konventionellen Moralisierens (er bezeichnet sich als antifaschistisch, bedauert jedoch den verlorenen Krieg; als anti-Vittorio-Emanuele, bleibt jedoch weiterhin monarchisch gesinnt; als antideutsch und patriotisch, ist aber von der »bolschewistischen Gefahr« besessen) für einen ziemlich unausstehlichen Zeitgenossen gehalten. Nicht so heute. Ich brauche ihn nur anzusehen, um gewahr zu werden, wie er im Nacken, im Rücken, mit dem etwas Herunterhängenden und unrettbar Verfallenden an seiner ganzen Gestalt meinem Vater ähnelt, meinem Papa, wie ich ihn voriges Jahr nach meiner Entlassung aus dem Gefängnis vorfand, und ich habe nicht mehr die Kraft, seine Verwirrung und Schwäche zu verurteilen. Der Oberleutnant De C. hingegen, der zusammen mit Dr. Gatto aus Slowenien zurückgekehrt ist, kann ihn sich mit Schaudern vorstellen, wie er einer Tischgesellschaft jüngerer Offiziere gegenüber den Vorgesetzten herauskehrt. An De C. vollzieht sich der typische Rückbildungsprozeß eines Soldaten, der wie durch ein Wunder einer militärischen Katastrophe, einem Kriegsdienst ohne Begeisterung entronnen ist. Er will von Vaterland nichts mehr wissen. Was den Krieg betrifft, erinnert er sich nur an dessen niederträchtigste Seiten, einschließlich der eigenen Feigheit (er berichtet mit einer Art von kindlichem Groll eingehend von einem Luftangriff auf Bologna vor zwei Monaten, vor dem er sich mit Mühe und Not in Sicherheit bringen konnte). Er sieht in die Zukunft wie einer, der sich von der Zukunft noch alles verspricht: ein heiles Leben, das nur darauf wartet, gelebt zu werden. Die Vergangenheit existiert für ihn nicht, sie ist eine Zeit, die er sich aus dem Gedächtnis zu tilgen versucht. Eine Art eifersüchtiger Egoismus geht von ihm aus, kraft dessen er die ganze Welt seinem Ich, seiner rasenden Gier nach Freiheit und Ungebundenheit unterordnet. Oberst P. verkörpert das Gegenteil, er findet in der Vergangenheit alles: Uniform, Disziplin, Geltung, Ehefrau, Vaterland, König.

Dies könnte man alles als literarische Ergüsse meiner Person abtun. Und doch entfachte ein derartiger Zwiespalt der Standpunkte (der Generationen, wie der scharfsinnige Oberst nicht unrichtig bemerkte) kürzlich am Abend eine Diskussion, die, wenn sie auch eine komische Einlage hatte (sogar ein Trinkglas ging dabei zu Bruch), zweifellos jene größere, aber themengleiche Debatte wiedergab, die seit einiger Zeit in Italien zwischen zwei Gruppen von Bürgern andauert: zwischen denen, die von Erinnerungen, und denen, die von Hoffnungen leben. Für niemand – das trifft heute mehr denn je zu – existiert die Gegenwart, es sei denn in Form eines quälenden, verworrenen Alptraums.

Freitag, 11. Februar 1944

Gatto und De C. erzählen mir in einem fort von ihrem Krieg. Es ist ein Thema, das mich an so manche herbe und bittere Erzählung aus dem Frühwerk von Stuparich oder Quarantotti Gambini erinnert und in mir sofort zu keimen beginnt. Vielleicht werde ich früher oder später über Bandina und Zlatar schreiben, über die kleinen romantischen Gemeinwesen von Mocronog und St. Vid. Ich mache mir jedenfalls fortlaufend Notizen, zum erstenmal denke ich ernsthaft an einen Roman. Der blaue Himmel und das klare grüne Meer von Krk, die düsteren Wälder der Gorjanci-Berge, das alles verwahre ich fest in meinem Gedächtnis, so wie man einen Talisman hütet.

Nun hat es sich also bewahrheitet: Wir sind vom Ziel wieder abgetrieben worden. Die Stellung der Alliierten am Landungsbrükkenkopf von Anzio ist nach den ersten Tagen der Euphorie immer kritischer geworden. Es wird, und das nicht nur in den Zeitungen, von der Wahrscheinlichkeit eines zweiten Dünkirchen gesprochen. Die Hoffnung auf Befreiung geht in einem Kauderwelsch von telefonischen Mitteilungen unter. Erneut leben wir im Bannkreis einer Stille, die zwei- bis dreimal am Tag von Sirenengeheul, auf das niemand achtet, unterbrochen wird. Ich begegne Q., der wie immer auf dem laufenden ist. Er teilt mir unter anderem mit, daß vor einigen Tagen Leone Ginzburg im Gefängnis gestorben sei, bestreitet aber die Version, er sei zu Tode geprügelt worden. Den ganzen Tag kursiert in der Stadt die amtlich noch unbestätigte Meldung von einer weiteren Landung bei Civitavecchia. Zeitweilig regnet es. Ein eisiger Wind drückt die schweren Wolken auf die Erde herunter. Ich weiß nicht, wie ich meine Hände gegen die Kälte schützen soll, ich spüre schon das Schwellen von Frostbeulen.

Donnerstag, 17. Februar 1944

Neuer Umschwung der Lage. Tage der Beklemmung weichen frischer Hoffnung. Wieder wummert die Artillerie, oft nah und widerhallend in einer Luft, die so hell, klar und frisch wie im Hochgebirge ist. Immer wieder, oft in kürzestem Zeitabstand, heulen die Sirenen. Über uns hinweg fliegen Hunderte und Aberhunderte von Flugzeugen. Hier unten behauptet sich das bürgerliche Leben mit einer fast ergreifend-heroischen Zähigkeit: wie in den besten Zeiten gekleidete Damen, überfüllte Cafés, hoffnungsfrohe Laute von den Purpurlippen junger Mädchen, die untergehakt das von der Sonne erwärmte Tiberufer entlangspazieren. Soweit die Egoisten, denen das Leben immer recht gibt. Das alte Männlein hingegen, das mir heute vormittag ungebeten ein Streichholz für meine Pfeife reichte, hatte das Bedürfnis, meine Nähe zu spüren, mir zu helfen und selbst wieder ein Mensch unter Menschen zu sein. Es hatte das Bedürfnis, mir eine seiner lustigen Geschichten zu erzählen, stammelnd, weil die Kälte ihm die Lippen erstarren ließ. Obwohl ich nur zur Hälfte verstand, was es sagte, hatte auch ich ein Bedürfnis: ihm zuzulächeln, mich mit ihm zu unterhalten. In dem überfüllten Lokal bildete sich um uns herum sofort ein Kreis herzlicher und angelegentlicher Solidarität. Einzig davon ausgeschlossen war die Lokalbesitzerin, die mit würdevoller Miene, aber links liegengelassen, oben an ihrer Theke stand.

Samstag, 19. Februar 1944

Ich begegnete P. De S.; er sieht mitgenommen und enttäuscht, vor allem aber müde aus. Er legte Wert auf die Feststellung, daß es sich um physische, nicht etwa moralische Müdigkeit handelt. Diese Burschen prahlen fortwährend mit ihrer Haltung, und wenn es noch so naiv wirkt. Wir werden nie Freunde sein können. Wenn sie mit einem reden, hören ihre Augen nicht eine Sekunde auf, einen auf Distanz zu halten. Die Worte werden dann unnütz, sie werden zur reinen Formsache wie bei einer Unterhaltung mit Priestern. In Wahrheit haben wir uns nichts zu sagen. Doch dann reitet mich mein altes Laster (als solches muß ich es wohl bezeichnen), das darin besteht, daß ich um herzlicheren und engeren menschlichen Kontakt werbe, dem anderen zu weit entgegenkomme, mich in Versprechungen verausgabe, die ich nie halten kann. Zurück bleibt der bittere Nachgeschmack, daß man keine Freundschaft geschlossen hat, sich fremd geblieben ist und sich seiner Würde etwas vergeben hat.

Sein Pessimismus stimmt übrigens mit dem von G. P. überein, den ich neulich im Autobus sah. Ich weiß nicht, wieweit ein solcher Pessimismus auf einer persönlichen Einstellung, einer persönlichen Einschätzung der Fakten, oder eher auf einer »Stellungnahme maßgeblicher Kreise« beruht. Und mir fällt wieder Marchesi ein, sein zugleich reserviertes, freundliches und fanatisches Lächeln.

Ich habe mich auch mit L. M. getroffen. Wir spazierten an dem schon fast sonntäglich wirkenden Nachmittag entlang der Tiberpromenade, unter den kahlen Bäumen, in der noch blassen, aber schon lachenden Sonne. Die Verabredung mit ihm an der Garibaldi-Brücke hatte mir G. vermittelt. Das Warten auf L. M. neben dem Zeitungskiosk wurde mir allmählich schon lästig, als ich ihn auf einmal die Straße überqueren sah, mit den schlaksigen und langsamen Bewegungen eines Mannes, der bereitwillig, auch mit seiner Person, für volle innere Gedankenfreiheit, für eine zutiefst humane Skepsis gegenüber jedem Urteil eintrat. L. M.s Gesicht ist lebhaft und offen, die Züge ein wenig unscharf, fast verschwommen. Der ironische und traurige Mund scheint nur mit Mühe und unter immer wiederkehrendem Lächeln die Worte hervorzustoßen. Nur die Augen, die hinter dicken Brillengläsern halb geschlossen sind, leuchten fest und klar. Die noch jugendliche Stirn wölbt sich frei und entspannt unter einem Schopf kräftiger und schülerhaft lang getragener Haare. Auch er ist Pessimist. Er erzählt mir von Meinungsverschiedenheiten innerhalb des C. di Lib.[4]. Er findet Worte der Trauer und des Mitgefühls für die Kameraden, die im Gebäude der Via Tasso, der Gestapohöhle von Rom, sterben. Seine innere Unruhe, sein Zweifel an sich selbst und der Wirksamkeit seiner Arbeit, sein intellektuelles Mißtrauen gegen ewiges Diskutieren machen ihn mir lieb und teuer.

Rom wurde am 9.9.1943 von deutschen Truppen besetzt, nachdem die Regierung Badoglio die bedingungslose Kapitulation gegenüber den Alliierten erklärt hatte. Im Gegenzug wurde Rom zur »offenen« Stadt deklariert. Die Befreiung der Stadt durch die Alliierten erfolgte am 5.6.1944, die deutschen Truppen hatten sich vorher zurückgezogen.

1 Die Aktionspartei (Partito d'Azione), die ihren Namen der radikal-republikanischen Gründung Mazzinis (1852) entlehnte, war aus einer der wichtigsten Gruppen des antifaschistischen, nichtkommunistischen Widerstands entstanden: »Giustizia e Libertà«. Ihr Exponent Ferruccio Parri wurde 1945 erster Ministerpräsident im Nachkriegsitalien. Die Partei brach bald darauf an internen Meinungsverschiedenheiten auseinander.

2 Giuseppe Bottai: faschistischer Politiker.

3 Truppen der faschistischen Republik von Salò, die Mussolini 1943 nach seiner Befreiung durch deutsche Einheiten gebildet hatte (Spottname: »repubblicchini«).

4 Comitato di Liberazione, 1943 aus Vertretern der antifaschistischen Parteien gebildetes Befreiungskomitee, das noch unter deutscher Besetzung mit den Alliierten Verhandlungen über die Befreiung aufnahm.

Gli ex fascistoni di Ferrara

Gli ex fascistoni di Ferrara
invecchiano
alcuni
di quelli che nel '39
mostravano di non più ravvisarmi
traversano mi buttano
come a Geo le braccia al collo
gaffeurs incontenibili
sospirano eh voi
propongono
dopo la dolorosa
pacca sulla spalla mancina
l'agape casalinga
che alfine consenta alla monumentale mummy cattolica
d'estrazione bolognese o rovigotta
ai brucanti in tinello strabiondi
teen-agers incontaminati
di incontrarlo una buona volta
il già compagno di scuola talmente
bravo
il bravo
romanziere
il presidente…

Hanno l'aria di insinuare
nel mentre dài piantala
non lo vedi che sei tu quoque
mezzo morto?
E poi scusa – continuano
uguali identici ormai
all'ingegner Marcello
Rimini
al rabbino dottor Viterbo –
in che altro modo senza di
noi

Die exfaschistischen Bonzen von Ferrara

Die exfaschistischen Bonzen von Ferrara
werden alt
einige
von denen die im Jahr 39
mir deutlich zeigten mich nicht mehr zu kennen
kommen herüber werfen mir
wie dem Geo die Arme um den Hals
unaufhaltsame »gaffeurs«
seufzen sie ach ihr
schlagen nach einem
schmerzenden Handschlag
auf die linke Schulter
ein häusliches Liebesmahl vor
das es endlich der monumentalen katholischen Mummy
die aus Bologna oder Rovigo stammt
und den im Speisezimmer grasenden superblonden
und unbefleckten Teenagern erlaubte
ihn ein für allemal kennenzulernen
den einstigen Schulkameraden den
erfolgreichen
den so erfolgreichen
Romancier
den Präsidenten ...

Dabei tun sie so als wollten sie sich einschmeicheln
also nun gib es schon auf
siehst du denn nicht daß auch du
schon halb tot bist?
Und dann verzeih – so fahren sie fort
im gleichen Tonfall identisch nun
wie der Ingenieur Marcello
Rimini
der Rabbiner Doktor Viterbo –
auf welche Weise hättest du ohne
uns

avresti potuto metterle insieme
le tue balle con relativo
appoggio di grana eccetera? Dopo tutto cazzo
potresti ben cominciare
a considerarci anche noi quasi dei mezzi…

Corrazziali? Voi quoque? Dei quasi
mezzi cugini? No piano
Come cazzo si
fa

Prima
cari
moriamo

deine Bündel schnüren können mit der entsprechenden
Hilfe durch Zaster et cetera? Schließlich und endlich
verdammt noch mal
könntest du wohl damit anfangen
auch uns anzusehen als Halb…

Von derselben Rasse? Auch ihr? Halbwegs
Vettern? Nein mal langsam
Wie zum Teufel sollte das
geschehen

Vorher
meine Lieben
sterben wir

Eberhard Schmidt
Ins Ghetto zurück

Das Schicksal der italienischen Juden im Faschismus

»Antisemitismus existiert nicht in Italien. Die jüdischen Italiener haben sich als Bürger stets bewährt und als Soldaten tapfer geschlagen. Sie sitzen in hervorragenden Stellungen an Universitäten, in der Armee, in den Banken. Eine ganze Reihe sind Generäle...« Die Antwort, die Benito Mussolini 1932 dem deutschen jüdischen Publizisten Emil Ludwig auf eine besorgte Frage gibt, deren Hintergrund der offene Antisemitismus der nationalsozialistischen Bewegung im Deutschen Reich ist, läßt an Klarheit scheinbar nichts zu wünschen übrig. Sie deckt sich auch mit den offiziellen Äußerungen der Regierung, die noch im Februar 1938 erklärt, daß »ein besonderes jüdisches Problem in Italien nicht existiert«. Und doch werden wenige Monate später von derselben Regierung, auf Betreiben Mussolinis, die berüchtigten »Gesetze zum Schutz der Rasse« erlassen, die die italienischen Bürger jüdischen Glaubens zu Bürgern zweiter Klasse machen, sie aus dem öffentlichen Leben ausgrenzen und schließlich dem Zugriff der deutschen Judenkommandos ausliefern werden.

Die Sinnesänderung Mussolinis gegenüber dem jüdischen Teil der Bevölkerung nach der Begründung der Achse Rom–Berlin, die fast 7000 Menschen das Leben gekostet und für die jüdischen Gemeinden in Italien bis heute einen nicht wiedergutzumachenden Substanzverlust bewirkt hat, bedarf der Erklärung. Eine Erklärung für Ursache und Verlauf dieses Holocaust muß aber weiter zurückreichen als bis zu den unmittelbaren Anlässen, soll verständlich werden, warum – wie in den Romanen und Erzählungen Bassanis – so viele der davon betroffenen Juden bis fast zuletzt ahnungslos blieben, die sich anbahnende Katastrophe verdrängten oder sich passiv in ihr Schicksal ergaben. Andererseits kann so auch erhellt werden, warum es – im Vergleich zur jüdischen Bevölkerung anderer von den Deutschen besetzter Länder – hier einer so großen Anzahl von Juden, oft mit Hilfe der nichtjüdischen Landsleute, gelang, sich der Festnahme und der Deportation zu entziehen.

Von der Ausgrenzung zur Assimilation

Die Juden zählen in Italien nachweisbar zu dem kleinen Kreis der Bevölkerung, der seine Ahnen bis ins Römische Reich zurückverfolgen kann. Es wird geschätzt, daß etwa ein Viertel der heute in Italien lebenden Juden Familien entstammen, die sich vor und nach der Zerstörung des Tempels in Jerusalem (70 n. Chr.) im Zentrum des Römischen Reiches ansiedelten. Flavius Josephus, der bekannte jüdisch-römische Historiker, schätzte ihre Zahl gegen 4 v. Chr. auf 8000, in der kaiserlichen Zeit wuchs die Gemeinde auf rund 50000 an. Die Christianisierung der europäischen Welt änderte zunächst, abgesehen von theologisch-rhetorischen Angriffen gegen die Juden von seiten einiger Bischöfe und Kirchenväter, wenig an dem friedlichen Nebeneinander der beiden Glaubensgemeinschaften. Erst im hohen Mittelalter, in den Zeiten der Kreuzzüge und der eschatologischen Visionen, kommt es zu ersten Judenpogromen. In Italien mit seinen zersplitterten Stadtrepubliken, die in wechselnden Bündnis- und Fehdeverhältnissen mit Kaiser und Papst, aber auch untereinander verstrickt sind, ist die Beziehung zu den kleinen jüdischen Gemeinden abhängig von den jeweiligen Interessen der Territorialherren. Während die Herzöge d'Este in Ferrara sogar die Zuwanderung sephardischer Juden (aus Spanien) und askenasischer Juden (aus Ost- und Mitteleuropa) fördern, herrscht im Kirchenstaat eher ein Zustand der Unterdrückung der Juden. In Venedig wurde 1516 das erste Ghetto errichtet (der Name soll von einer in der Nähe dieses Wohnbezirkes gelegenen Eisengießerei – »geto« – stammen). Nachdem der Kirchenstaat das Haus der Este aus Ferrara vertrieben hatte, wurden auch hier, wie fast überall im Zuge der Gegenreformation des 17. Jahrhunderts, Rechte und Bewegungsfreiheit der Juden drastisch eingeschränkt. Aus Süditalien und Sizilien waren die Juden schon im 16. Jahrhundert durch die spanische Herrschaft fast völlig vertrieben worden. Es folgten nahezu zweieinhalb Jahrhunderte des Lebens im Ghetto für die italienischen und zugewanderten Juden, unterbrochen nur durch die kurze Periode der napoleonischen Herrschaft über Italien, zwischen 1796 und 1815, in der die Juden von den Errungenschaften der Französischen Revolution und ihren Prinzipien der Gleichstellung aller Bürger ungeachtet ihrer Religionszugehörigkeit profitierten. Aber die Mauern der Ghettos wurden allerorts rasch wieder aufgerichtet, nachdem in der Periode der Restauration die alten klerikal-konservativen Kräfte noch einmal ihre Macht behaupten konnten. Das von Armut, Rechtlosigkeit, Unterernährung und Seuchen gekennzeichnete Leben in den engen Ghettos hatte erst ein Ende, als nach und nach, im Zuge der italienischen Einigungsbestrebungen, die Herrschaft des Kirchenstaates zurückgedrängt werden konnte. Ausgehend von Piemont, wo die Savoyer Dynastie bereits 1848 den Juden die Bürgerrechte zurückgab, fielen die Bastionen der Reaktion im folgenden Jahrzehnt Zug um Zug, bis 1859/60 (und zuletzt in Rom 1870) die Juden zu gleichberechtigten italienischen Bürgern wurden. Es ist deshalb kein Zufall und für die spätere Entwicklung von Bedeutung, daß nicht wenige Juden unter den berühmten 1000 waren, mit denen Garibaldi von Sizilien aus den Kampf um die Einigung Italiens aufnahm, und daß der Verfassungspatriotismus, gebunden an die Verehrung für das Haus Savoyen, in den meisten jüdischen Familien lange zur festen Tradition gehörte. Das Risorgimento, getragen von den laizistischen und liberalen Kräften, prägte die politischen Wertvorstellungen der sich aus den Ghettos emanzipierenden Juden in der zweiten Hälfte des 19. Jahrhunderts und wurde zu einer der entscheidenden Voraussetzungen der raschen Integration der jüdischen Bevölkerung in die entstehende bürgerliche Gesellschaft Italiens.

Trotz Elend und Einschränkung des Lebens in den Ghettos ist die Tradition jüdischer Gelehrsamkeit, eindrucksvoll verkörpert in Gestalten wie dem Ferrareser Arzt und Rabbi Isacco Lampronti mit seiner großen Talmudenzyklopädie, nie unterbrochen gewesen. Die Schriftkunde ist immer verbreitet geblieben im Ghetto. 1861 sind nur 5,8 Prozent der Juden über zehn Jahre den Analphabeten zuzurechnen, dagegen 54,5 Prozent der übrigen italienischen Bevölkerung. Auch damit ist es zu erklären, daß sehr bald nach der Auflösung der Ghettos jüdische Männer in führenden gesellschaftlichen und politischen Positionen anzutreffen sind. Schon 1848 tritt als erster Präsident der revolutionären Republik Venedig der aus jüdischer Familie stammende Daniele Manin auf. Camillo Cavours Privatsekretär war der in Mailand erzogene Jude Isacco Artom. 1891 wurde Luigi Luzzati aus Venedig Finanzminister und 1910 sogar Premierminister Italiens. Ernesto Nathan konnte 1907 zum Bürgermeister von Rom gewählt werden, und 1902 saßen bereits sechs Juden im italienischen Senat (1920 waren es 19). Die Beispiele ließen sich vermehren. Selbst im Militär spielten die Juden eine bedeutende Rolle. Wo zur gleichen Zeit im Deutschen Reich ein Jude nicht einmal Offizier sein konnte und in Frankreich die antisemitische Dreyfusaffäre die Gemüter bewegte, brachte es der jüdische General Ottolenghi 1902 zum Senator und Kriegsminister. Der General Emanuele Pugliese war der höchstdekorierte italienische General im Ersten Weltkrieg, und sein Glaubensgenosse Roberto Segre, ein Artilleriekommandant, organisierte die erfolgreiche Verteidigung der Front am Piave gegen die österreichische Offensive von 1918.

Die Assimilation der jüdischen Bevölkerung zeigt sich auch in der Verbreitung der Mischehen. In der Stadt Triest sollen fast fünfzig Prozent der verheirateten Juden christliche Ehepartner gehabt haben, die Zahl der jüdischen Konvertiten lag bei etwa zehn Prozent (in der Zeit nach dem Ersten Weltkrieg). Um 1910 verteilte sich die jüdische Bevölkerung, was die Berufe, in denen sie tätig war, betraf, zu 41,5 Prozent auf Handel und Gewerbe, zu 23 Prozent auf akademische Berufe, Staats- und Militärdienst und zu 8,1 Prozent auf die Landwirtschaft. Die Juden gehörten also, mit der Ausnahme von Rom, in ihrer Mehrheit dem aufstrebenden Mittelstand an, der fest in das bürgerliche italienische Leben eingefügt war. Der Einschätzung von Raul Hilberg ist deshalb durchaus zuzustimmen, wenn er schreibt: »Zwischen der Auflösung des päpstlichen Ghettos in Rom im Jahre 1870 und den ersten antijüdischen Gesetzen der faschistischen Regierung im Jahre 1938 war die Integration des Judentums in Italien durchgreifender erfolgt als beinahe irgendwo sonst auf der Welt.« Das heißt freilich nicht, daß jüdische Traditionen und Werte völlig aufgegeben worden waren, die Besonderheiten jüdischen Alltagslebens keine Rolle mehr spielten. Im Gegenteil, aus den meisten Schilderungen und Erinnerungsbildern wissen wir, daß das jüdische Familienleben nach wie vor von den traditionellen Festen und Riten geprägt blieb, das Bewußtsein von der Eigenart jüdischer Kultur keineswegs verlorenging, so wie es an vielen Stellen auch in Bassanis Werk deutlich durchscheint. Aber nach außen hin waren kaum Unterschiede zur Lebensweise und zum Verhalten der übrigen Italiener spürbar. Es gab auch nicht, wie in Ost- und Mitteleuropa, eine eigene Sprache, das Jiddische, selbst wenn sich, vor allem in Rom, einige antikisierende Dialekteigenarten erhalten haben.

Auch nach dem Ende des Ersten Weltkriegs, in dem Tausende jüdischer Soldaten und Offiziere auf italienischer Seite ihr Leben gelassen hatten, andere hochdekoriert zurückgekehrt waren, änderte sich an dem Bild wenig. Zu den »Irredentisti«, die den Anschluß Triests an Italien, notfalls auch mit Gewalt, forderten, gehörten an führender Stelle Juden, wie Salvatore Barzilai, der zum Senator ernannt worden war und als Mitglied der italienischen Delegation an der Versailler Friedenskonferenz teilnahm. Juden zählten auch zu den Gründungsmitgliedern der »fasci italiani di combattimento«, den Urzellen der faschistischen Partei. Unter diesen sogenannten Sansepolchristi befanden sich mindestens fünf Juden. Die renommierten jüdischen Familien Sinigaglia oder Bolaffi stellten »Märtyrer« in der frühen Kampfzeit der faschistischen Partei. Von den 746 jüdischen Mitgliedern der faschistischen Partei im Jahr 1922 reklamierten später rund 200 für sich, am Marsch auf Rom teilgenommen zu haben, der Mussolini an die Macht brachte. Aldo Finzi, der als Pilot mit D'Annunzio an der Besetzung Fiumes teilhatte, wurde später Staatssekretär im Innenministerium, Guido Jung Finanzminister und Dante Almansi stellvertretender Polizeichef unter Emilio De Bono. Die jüdische Geliebte Mussolinis, Margherita Sarfatti, die einen großen Salon in Mailand unterhielt, wurde Mitherausgeberin der wichtigsten ideologischen Parteizeitschrift *Gerarchia*. Es war die Zeit, als in Ferrara, von 1921 bis 1936, Renzo Ravenna, enger Freund Italo Balbos, einer der Quadrumvirn der faschistischen Revolution, der die Landarbeiterbewegung der Emilia zerschlagen hatte, als Bürgermeister amtierte. In den Jahren von 1928 bis 1933 rekrutierte die faschistische Partei fast 5000 Mitglieder aus der jüdischen Bevölkerung. Insgesamt entsprach der Anteil der jüdischen Parteimitglieder an der jüdischen Gesamtbevölkerung Italiens mit etwas mehr als zehn Prozent dem der übrigen Bevölkerung.

Daß ein beträchtlicher Teil der jüdischen Bevölkerungsgruppe, in Städten wie Ferrara oder Bologna sogar der weitaus überwiegende Teil, dem Faschismus positiv gegenüberstand, läßt sich zum einen aus sozioökonomischen Gründen erklären: die Mehrheit der jüdischen Bürger gehörte, mit der schon genannten Ausnahme der Stadt Rom, dem Mittelstand an, der nach dem Krieg, während der Inflationszeit, sein Eigentum und seine Privilegien gegen die Ansprüche der erstarkenden Gewerkschafts- und Genossenschaftsbewegung zu verteidigen suchte und in der faschistischen Partei die Bündnispartner dafür fand, die versprachen, auf Kosten der Arbeiterbewegung Ruhe und Ordnung durchzusetzen. Zum anderen waren ideologisch-kulturelle Gründe nicht weniger ausschlaggebend: Gegen den revolutionären Internationalismus der Arbeiterbewegung hielt der Faschismus die patriotischen und imperialistischen Ideale des Ersten Weltkriegs und des »Irredentismus«, der Anschlußbewegungen, hoch, kam also der nationalen und königstreuen Haltung vieler italienischer Juden entgegen, zumal sich der König selbst offen auf die faschistische Seite geschlagen hatte. Da, anders als noch in den Frühzeiten der nationalsozialistischen Bewegung im Deutschen Reich, antisemitische Züge das strahlende Bild der siegreichen faschistischen Partei, die nach Ausschaltung des Parlaments 1924 die alleinige Macht an sich reißen konnte, nicht verdunkelten, bestand für den nationalbewußten, konservativen Teil der jüdischen Gemeinde kein Grund, sich dem Faschismus zu verweigern.

Dennoch gab es von Anfang an durchaus auch warnende Stimmen und heftigen Widerstand von Juden gegen die faschistische Option. Zu den Gründern und führenden Persönlichkeiten der Arbeiterbewegung, die in scharfer Opposition zu Mussolini stand, zählten ebenfalls an führender Stelle Juden wie Claudio Treves, Giuseppe Emanuele Modigliani oder die Brüder Rosselli, die in der französischen Emigration von Mussolini-Anhängern umgebracht wurden. Auch Umberto Terracini, Mitbegründer der Kommunistischen Partei, der fast zwanzig Jahre in faschistischen Gefängnissen zubrachte und überlebte, ist hier zu nennen. Eucardio Momigliani, Exsansepolchrist, gründete die antifaschistische Unione Democra-

tica. Giorgio Bassani fungierte viele Jahre als Kurier zwischen antifaschistischen Zirkeln, eine ähnliche Widerstandstätigkeit ist von
Primo Levi und Leone Ginzburg bekannt, der im römischen Gefängnis später ermordet wurde. Carlo Levi war, wie viele politische
Regimegegner, verbannt worden.

Fanden sich in beiden Lagern überzeugte Anhänger und Gegner
des Faschismus, so hat Nina Zuccotti gleichwohl recht, wenn sie
schreibt, daß »die Mehrheit der nachdenklichen und gebildeten Juden die Gefahren sah, die von einem autoritären Regime drohte, das
Gewalt anwandte, um Zweifelnde zu überzeugen und seine Gegner
einzuschüchtern«. Arnaldo Momigliano verweist darauf, »daß der
Faschismus die meisten der Juden ausschließen sollte, die solide
liberale und sozialistische Traditionen hinter sich hatten, während
wirtschaftliche Interessen manche Juden dazu brachten, persönlich
mit dem Faschismus zu paktieren«. Als Beispiel für letzteres kann
übrigens Gino Olivetti, der Vertreter der Industrieinteressen innerhalb des Faschismus, gelten. In der Emilia, der Heimatprovinz Bassanis, dominierten aufgrund der sozialen Strukturen eindeutig die
Anhänger des Faschismus unter dem jüdischen Bürgertum, und es
bedurfte einer intellektuell-moralischen Wandlung, wie sie in Bassani durch das Studium Benedetto Croces, des Philosophen des
Liberalismus, und durch die Freundschaft mit dezidiert antifaschistischen Intellektuellen wie Dessì und Varese vorbereitet wurde, um
sich aus den Traditionszusammenhängen eines verengten und fehl-
geleiteten jüdischen Patriotismus herauszuarbeiten.

Vorbereitung und Durchsetzung der antisemitischen Rassenpolitik

Es ist richtig, daß die antisemitische Wende in Mussolinis Politik,
die 1938 zum Erlaß der sogenannten »Gesetze zum Schutz der
Rasse« führte, für die große Mehrheit der jüdischen Bevölkerung,
wie übrigens auch der übrigen Italiener, völlig überraschend kam.
Dennoch ist nicht zu übersehen, daß bestimmte Vorfälle schon
mehrere Jahre vorher auf Risse im harmonischen Bild des Verhältnisses von Faschismus und Judentum hinwiesen. So erregte 1934 die
Ponte-Tresa-Affäre Aufsehen. Zwei junge jüdische Antifaschisten
waren beim Versuch, Flugblätter gegen das Regime von der Schweiz

nach Italien zu schaffen, ertappt und in der Folge zusammen mit weiteren Widerständlern, wie Carlo Levi oder Leone Ginzburg, inhaftiert worden. Alle gehörten zur bedeutendsten nichtmarxistischen Widerstandsgruppe »Gustizia e Libertà« (der auch Bassani nahestand). Obwohl sie keineswegs zionistisch orientiert waren (der Zionismus hatte zu dieser Zeit in Italien nur wenige Anhänger – von 1926 bis 1938 emigrierten nur 150 italienische Juden nach Palästina), konstruierten einige kleinere Blätter, darunter der betont antisemitische *Il Tevere* von Interlandi, daraus eine zionistische Verschwörung gegen Italien. Jude = Zionist = Antipatriot = Antifaschist hieß die simple Gleichung. Mussolinis Verhältnis zum Zionismus war durchaus widersprüchlich und von opportunistischen Erwägungen bestimmt. Während er die antizionistischen Pamphlete von Teilen der faschistischen Presse zunächst duldete, möglicherweise, um dem gerade zur Macht gelangten Hitler einen Freundschaftsdienst zu erweisen, stoppte er nach der Ermordung des österreichischen Bundeskanzlers Dollfuß, die den Nazis angelastet wurde, alle derartigen Exzesse. Nun befürchtete er, daß Hitler seinen Einfluß auf Österreich verstärken würde und damit italienische Interessen, wie sie der Duce verstand, bedrohen könnte. Also lag es für ihn nahe, sich französischen und englischen Beistandes zu versichern. Dazu waren antisemitische Kampagnen nicht dienlich. Mussolini löste sich erst einmal von der nazistischen Ideologie und verkündete demonstrativ: »Dreißig Jahrhunderte Geschichte erlauben uns, voller Mitleid auf gewisse Doktrinen herabzuschauen, wie sie jenseits der Alpen von Abkömmlingen eines Volkes unterstützt werden, das noch nicht einmal schreiben konnte und noch nicht einmal schriftliche Zeugnisse hinterlassen hat zu einer Zeit, als Rom Cäsar, Vergil und Augustus besaß« (bei Renzo De Felice zitiert). Bis auf drei Angeklagte, die leichte Strafen erhielten, wurde der Rest der Ponte-Tresa-Verschwörer freigesprochen. Mussolini scheute sich auch nicht, Anfang der dreißiger Jahre mit Chaim Weizmann und Nahum Goldmann, führenden Repräsentanten des Zionismus, zusammenzutreffen und nach harten Attacken auf Hitler prozionistische Äußerungen abzugeben.

Das änderte sich erst 1936 mit der Eroberung Äthiopiens und dem Eingriff in den Spanischen Bürgerkrieg an Hitlers Seite. Nun begab sich Mussolini vollends in die Arme des deutschen Alliierten.

Die Achse Berlin–Rom sollte den Traum vom Imperium absichern. Dazu gehörte auch die ideologische Mobilmachung, der Kampf gegen das »feige Bürgertum« und das angebliche Minderwertigkeitsgefühl der Italiener. Die fanatischen Antisemiten unter den Faschisten bekamen allmählich Oberwasser. Unter ihnen hatte besonders Giovanni Preziosi mit seiner lange Zeit unbedeutenden und auch in faschistischen Kreisen kaum ernstgenommenen antisemitischen Postille *La Vita Italiana* das Terrain vorbereitet. Als Übersetzer der gefälschten antisemitischen *Protokolle der Weisen von Zion* bekannt und von Roberto Farinacci, dem einflußreichen Mitglied des faschistischen Großrats protegiert, hatte er seit langem auch enge Kontakte zu den deutschen Nazis. Farinaccis Zeitung *Il Regime fascista* begann Ende 1936 ebenfalls von antizionistischer Propaganda sich auf einen allgemein antijüdischen Kurs umzustellen. Mussolini versprach sich nun von einem verstärkt antizionistischen Kurs auch einen größeren Einfluß in der arabischen Welt und damit ein Gegengewicht zum britischen Einfluß im Mittelmeer. Vor allem aber entdeckte er im Zuge seiner Eroberungspläne die Bedeutsamkeit des Konzepts der Rasse neu. War für ihn vor der Annäherung an Berlin »La razza italiana« eher ein Synonym für das italienische Volk oder die italienische Nation gewesen, ohne antisemitische Implikationen, so erhielt der Begriff nun eine neue Bedeutung in Abgrenzung gegen andere als minderwertig bezeichnete Rassen wie die afrikanischen oder semitischen. Immer offener flocht Mussolini rassistische und antisemitische Tiraden in seine Reden ein: »Es muß in die Köpfe hinein, daß wir keine Mongolen, keine Hamiten und Semiten sind. Und wenn wir also nicht von einer dieser Rassen abstammen, sind wir doch offensichtlich Arier und kommen von den Alpen her, vom Norden. Folglich sind wir reinrassige Arier mediteranen Typs.«

Mussolinis antisemitische Wende war, wie Meir Michaelis in seiner instruktiven Studie *Mussolini and the Jews* feststellt, keineswegs die logische Folge der faschistischen Doktrin, nicht einmal die logische Verlängerung des Banns, der der Rassenmischung in Afrika galt, wohl aber die logische Konsequenz aus Mussolinis Achsenpolitik. Dem Faschismus inhärent, soweit der »Stahlpakt« zwischen Berlin und Rom vom faschistischen Streben nach einem Imperium nicht zu trennen war. Hitler war denn auch tief befriedigt und erklärte auf dem Münchener Reichsparteitag 1938, kurz nach den ersten Maßnahmen gegen die ausländischen Juden in Italien: »Ich darf es hier, glaube ich, in meinem und in Ihrer aller Namen bekunden, wie tief innerlich glücklich wir sind angesichts der Tatsache, daß eine weitere große europäische Weltmacht aus eigenen Erfahrungen, aus eigenem Entschluß und auf eigenen Wegen die gleiche Auffassung vertritt und mit bewunderungswürdiger Entschlossenheit die weitgehendsten Konsequenzen gezogen hat.«

Der Wandel der Stimmung an der Spitze der faschistischen Partei ab 1936 war nicht völlig spurlos an der Bevölkerung vorbeigegangen. In Ferrara beispielsweise erschienen im Sommer 1936 die ersten antisemitischen Schmierereien an jüdischen Häusern: »Viva il Duce – Morte agli Ebrei.« Wie sich aus einer vom Innenministerium angestellten Untersuchung ergab, waren die Ursachen bei der übermäßig hohen Anzahl von durchgefallenen Examenskandidaten zu suchen. Die Direktoren der betroffenen Gymnasien waren Juden. Der studentische Unwille mag aber auch einen breiteren Unwillen über die hohe Zahl einflußreicher Persönlichkeiten aus der jüdischen Gemeinde in der Stadt ausgedrückt haben. Nello Quilici, Vertrauter des ungekrönten Herrschers von Ferrara, Italo Balbo, und Herausgeber des einflußreichen *Corriere Padano*, greift 1938 in einem spektakulären Artikel in der Zeitschrift *Nuove Antologie* mit dem Titel »Der Schutz der Rasse« dieses Unbehagen wieder auf, wenn er zu Beginn seines Pamphlets aufzählt, welche Positionen überall in der Stadt (die er nicht mit Namen nennt: »In una città di provincia...«) von Juden eingenommen würden: vom Bürgermeister über den obersten Richter, mehrere Räte der Bank von Italien bis hin zu wichtigen Posten in der faschistischen Organisation selbst, um ein angebliches Mißverhältnis zwischen der Zahl der jüdischen Einwohner der Stadt und den Positionen, die sie bekleiden, herauszustellen. Dennoch ist die Meinungsbildung in der faschistischen Führung 1938 offenbar noch keineswegs einheitlich. Der Schwiegersohn Mussolinis und Außenminister, Graf Ciano, notiert am 3. 12. 1937 in seinem Tagebuch: »Die Juden überschütten mich mit anonymen Schimpfbriefen, in denen sie mir vorwerfen, ich hätte Hitler ihre Verfolgung versprochen. Falsch, niemals haben die Deutschen über dieses Argument zu uns etwas gesagt: Auch glaube ich nicht, daß es für uns wichtig wäre, in Italien eine antisemitische Kampagne loszulassen. Das Problem existiert bei uns nicht. Die Juden sind wenig an Zahl und, von Ausnahmen abgesehen, in Ordnung...« (zitiert bei Raul Hilberg).

Auch im faschistischen Großrat ist die Meinung keineswegs einheitlich. Italo Balbo aus Ferrara und Emilio De Bono widersprechen den Plänen für ein »Gesetz zum Schutz der Rasse« ebenso wie Senatspräsident Federzoni. Aber Mussolini läßt sich von den alten Kampfgefährten nicht beeindrucken. Gegenüber Ciano erklärt er: »Das italienische Blut ist jetzt mit Antisemitismus geimpft. Also wird alles sich von selbst weiterentwickeln. Selbst wenn ich gelegentlich zur Mäßigung neige (bei den Auftritten in der Öffentlichkeit), bin ich doch unnachgiebig bei der Vorbereitung der Gesetze« (am 6. 10. 1938).

Deutliche Zeichen der Verschärfung des Kurses waren bereits seit Mitte 1938 zu beobachten. Im Juli erscheint das berüchtigte *Manifest rassistischer Wissenschaftler*, verfaßt von einer Professorengruppe und von Mussolini selbst redigiert. Darin wird festgestellt, daß die heutige italienische Bevölkerung zur arischen Rasse gehöre, daß sie rein sei und daß die Juden nicht zur italienischen Rasse gehörten. Die »wissenschaftliche« Begründung für die Rassengesetze war damit vorhanden. Kurz darauf veröffentlicht Telesio Interlandi eine neue Zeitschrift mit dem Titel *Difesa della Razza*, die in der Manier des nationalsozialistischen *Stürmer* antisemitische Hetze betreibt. Aber auch in der nationalen bürgerlichen Presse mehren sich von nun an Artikel, die angebliche Privilegien der Juden oder ihre nationale Unzuverlässigkeit aufs Korn nehmen. Parallel dazu kündigte das Innenministerium die Umwandlung des zentralen demographischen Amtes in ein Amt für Demographie und Rasse an, das schon im August eine Volkszählung unter den Juden vornehmen werde, was dann auch geschah. Auf dieser Grundlage wurden die ersten Maßnahmen getroffen. Am 2. und 3. September kündigte die Regierung die Ausweisung aller ausländischer Juden aus Italien, Libyen und dem Dodekanes an. Alle Juden, die Italien nach 1919 zum Wohnsitz gewählt hatten, verloren die Staatsbürgerschaft und wurden zu Ausländern erklärt. Konnte dies noch als Schlag gegen nichtitalienische Juden und als Freundschaftsdienst an Hitler und seine immer offenere antisemitische Weltverschwörungsideologie interpretiert werden, so fielen diese Illusionen in sich zusammen, als kurz darauf verkündet wurde, daß mit dem Beginn des neuen Schuljahres im Herbst 1938 alle jüdischen Schüler und Lehrer an öffentlichen Schulen von diesen entfernt würden. Jüdische Studenten sollten zwar ihre Studien noch abschließen können, neue würden aber ab sofort nicht mehr zugelassen. Damit war unmißverständlich klar, daß sich die Politik der Regierung auch direkt gegen die jüdisch-italienische Bevölkerungsgruppe richtete. Die Einsprüche des Papstes gegen den zunehmenden Antisemitismus der Regierung blieben ohne Gehör, ließen aber auch weiteren Nachdruck vermissen. Der König, an den sich nicht wenige patriotische und verdiente jüdische Würdenträger wandten, ließ kaum Widerstand erkennen, nicht einmal gegenüber Italo Balbo, dem diese Imitation der Deutschen zuwider war. Mussolinis Vertrauter Buffarini Guidi konnte so am 12. 9. 1938 dem Duce melden, es gebe von seiten des Königs keine nennenswerten Einsprüche, nachdem zugesichert sei, daß besonders verdiente Frontsoldaten und solche, die sich um den Faschismus verdient gemacht hätten, besonderen Ausnahmeregelungen unterliegen würden. Nach heftigen Debatten im Faschistischen Großrat, bei denen Mussolini im Hitlerschen Stile drohte, wenn die Juden versuchten, den glorreichen italienischen Vormarsch zum Halten zu bringen, »werden wir sie in die Gosse schleudern. Und wenn wirklich schwere Stunden kommen werden, dann werden wir diesmal nicht zögern, sie für immer auszumerzen« (am 25. 10. 1938). Die »Gesetzlichen Maßnahmen zum Schutz der Italienischen Rasse« wurden am 17. November endgültig verkündet, nachdem der König die 29 Artikel unterzeichnet hatte. Die Verfolgungen aus rassischen Gründen hatten nun auch ihre gesetzliche Grundlage.

Mussolini hatte sich durchgesetzt, damit aber auch vor der Öffentlichkeit deutlich gemacht, wie weit zu gehen er bereit war, um sich das Wohlwollen des deutschen Verbündeten, der seit langem auf Sanktionen gegen die Juden drängte, zu sichern. Auch wenn er, wie am 18. September in Triest, diejenigen »zu armen Idioten erklärte, die behaupten, wir seien bloße Imitatoren oder, noch schlimmer, gehorchten Einflüsterungen«, so begann sein Prestige in der Bevölkerung mit diesen Maßnahmen doch nachzulassen. Auch die Kritik in der faschistischen Partei gegenüber dieser Politik, die als zunehmende Unterordnung unter die Deutschen begriffen wurde, nahm zu. Mussolini hatte den Zenit seiner Macht und seiner Popularität überschritten, wie sich vor allem im nachhinein zeigen sollte. Dennoch kann nicht die Rede davon sein, daß der Duce mit den Rassengesetzen nur auf deutschen Druck reagierte oder das deutsche Vorbild sklavisch nachahmte. Mussolini verfolgte durchaus eigene Interessen mit der Diskriminierung der Juden, die ihm vor allem für seinen Großmachtraum nützlich erschien. Nach innen, gegenüber dem eigenen Volk, konnte die antisemitische Karte gespielt werden, um das für die kolonialen Expansionsgelüste notwendige Überlegenheitsgefühl zu mobilisieren, das Bewußtsein von der Mission der eigenen Rasse zu stimulieren; nach außen, gegenüber dem deutschen und anderen potentiellen Verbündeten, signalisierte sein Handeln Entschlossenheit und Selbstbehauptung.

Zugute kam Mussolini bei der Durchsetzung der Maßnahmen nun auch die Zentralisation der jüdischen Gemeinden, die Anfang der dreißiger Jahre vom Staat, als das Verhältnis zum Judentum noch von Wohlwollen geprägt war, durchgesetzt worden war und die Gemeindeverfassungen einer rigiden staatlichen Kontrolle unterworfen hatte (1933–1937 war übrigens Felice Leone Ravenna aus Ferrara Präsident der Union der jüdischen Gemeinden). Der Umschwung vom Philo- zum Antisemitismus konnte so auch praktisch-organisatorisch, wie Meir Michaelis hervorhebt, leicht bewerkstelligt werden.

Die »Gesetze zum Schutze der Rasse« und
die Verfolgung der Juden

Die »Gesetze zum Schutz der Rasse« verboten künftig Mischehen, Juden durften keine Firmen besitzen, die militärische Güter produzierten, mehr als 100 Personen beschäftigten oder eine bestimmte Umsatzsumme überschritten. Sie durften kein Grundeigentum mehr besitzen, das einen bestimmten Wert überstieg. Sie wurden aus den Streitkräften entfernt, durften keine nichtjüdischen Hausangestellten mehr beschäftigen (was für strenggläubige Familien zu Problemen mit der Sabbatheilung führte) oder der faschistischen Partei angehören. Wer Jude war, wurde durch das Gesetz bestimmt: Kinder zweier jüdischer Eltern (ungeachtet von deren Konfession, also auch Konvertierte waren betroffen), dann solche mit einem jüdischen und einem ausländischen Elternteil und diejenigen, die von einer jüdischen Mutter und einem unbekannten Vater stammten. Bei offensichtlichen Mischehen waren die Kinder Juden, wenn sie das Judentum praktizierten oder in der jüdischen Gemeinde eingeschrieben waren. Nur wenn sie aus einer Mischehe stammten und vor dem 1.10.1938 getauft worden waren, galten sie als nichtjüdisch. Dieser nichtjüdische Elternteil mußte aber »rein arisch« sein, da sonst mehr als fünfzig Prozent jüdisches Blut vorhanden war. Genau festgelegt wurden auch die Ausnahmeregelungen. Sie galten beispielsweise jüdischen Familien, deren Angehörige im Ersten Weltkrieg oder in den folgenden italienischen Eroberungskriegen (Äthiopien, Libyen, Spanien) getötet, verwundet oder dekoriert worden waren, dazu solchen, die an der Eroberung Fiumes 1919 teilgenommen oder der faschistischen Partei zwischen 1919 und 1922 beigetreten, oder für die faschistische Sache verwundet worden waren. Auch bestimmte zivile Verdienste konnten Ausnahmen von den Gesetzen nach sich ziehen. Aber diese Ausnahmen konnten alle nicht automatisch in Anspruch genommen werden. Sie unterlagen dem Spruch einer Untersuchungskommission, wurden ständig weiter eingeschränkt und galten keineswegs für alle diskriminierenden Tatbestände. Auch konnten sie kurzfristig widerrufen werden. Bis zum Januar 1943 hat das Amt für Demographie und Rasse 5870 Appellationen behandelt, von denen 2486 stattgegeben und 3384 verworfen wurden (Zahlen bei Nina Zuccotti). Im Juli 1939 nahm schließlich eine »Arisierungskommission« ihre Arbeit auf, die ohne weitere Gründe Juden zu Ariern erklären konnte, die dann keine Verfolgungen mehr zu erleiden hatten. Während weitere Berufsverbote als Zusatzverordnungen zu den 1938er Gesetzen regelmäßig folgten – Freiberufler durften z. B. nur noch jüdische Klienten betreuen –, blühten hier gleichzeitig die Korruption und der Zynismus. Während immer mehr Einschränkungen das alltägliche Leben der Juden erschwerten (Verbot, Radioapparate zu haben, Todesanzeigen aufzugeben oder mit ihren Nummern in Telefonbüchern zu erscheinen), gingen lokale Behörden oft noch über die Gesetzesvorschriften hinaus, griffen örtliche antisemitische Gruppen, wie in Ferrara 1941, Synagogen an, zerstörten die Einrichtungen und mißhandelten die anwesenden Rabbiner und Bediensteten. Zwar blieb es hier bei Einzelfällen, aber die Ausgrenzung der jüdischen Bevölkerung vollzog sich nicht nur auf administrativem Wege. Mit dem Fortgang des Krieges regten sich auch innerhalb der Partei die radikalen Kräfte. Der stellvertretende Parteisekretär Alfredo Cucco ermahnte zum Beispiel die Provinzsekretäre (in einem Schreiben vom 15.6.1943), daß »der antisemitische Kampf für die Nation im Krieg heute mehr denn je das Gebot der Stunde« sei, und forderte sie auf, »nicht zu vergessen, daß die Quelle der Propaganda gegen Italien, draußen wie im Lande selbst, jüdisch ist«.

Die Reaktion der Juden auf die Diskriminierungsmaßnahmen war sehr unterschiedlich. Von den 57000 Juden in Italien, die 1938 gezählt worden waren (darunter etwa 10000 ausländische Juden, die nach Italien geflüchtet waren), emigrierten bis zum Oktober 1941 knapp 6000. Weitere 6000 konvertierten. Von den 7000 ausländischen Juden, die immer noch im Land waren, waren 3000 erst in jüngster Zeit, trotz der Diskriminierung und obwohl sie kein Aufenthaltsrecht besaßen, gekommen. Bis zu diesem Zeitpunkt waren etwa 1400 von ihnen emigriert. Andere flüchteten in den Freitod. In besonders spektakulärer Form tat dies ein bekannter Schriftsteller und Journalist, Angelo Fortunato Formiggini, der sich am 29. November 1938 vom Torre Ghirlandina in seiner Heimatstadt Modena herunterstürzte, um die nichtjüdische Bevölkerung aufzurütteln. Viele Juden verharrten dagegen in panischer Lähmung und zogen sich, aus Berufen und Stellungen entfernt, in den engen Kreis der Familie und der Glaubensgenossen zurück, um abzuwarten.

Die jüdische Bevölkerung umfaßte 1941 noch rund 43000 Menschen. Die ausländischen Juden wurden bis Mai 1942 in Lagern interniert, soweit man ihrer habhaft wurde. Viele italienische Juden wurden seit Kriegseintritt zur Zwangsarbeit in einigen großen Städten und in Tripolis herangezogen, wo nicht wenige in einem Wüstenlager an Typhus starben. Dennoch war das Zwangsarbeitsprogramm kein Erfolg. Statistiken belegen, daß von den rund 15550 für solche Arbeit Registrierten bis Mitte 1943 nur 13 Prozent tatsächlich dazu gezwungen werden konnten. Der Rest hatte sich auf die eine oder andere Art dieser Verpflichtung entziehen können. Bis zu diesem Zeitpunkt war den Deutschen, trotz einiger Versuche, eine Einflußnahme auf das Schicksal der italienischen Juden noch verwehrt. Die Stunde ihres Eingriffs – und damit der verhängnisvollste Abschnitt des Schicksals der jüdischen Bevölkerung Italiens – sollte erst mit dem Sturz Mussolinis durch den faschistischen Großrat im Juli 1943 und der folgenden Besetzung Norditaliens durch deutsches Militär kommen. Die Absetzung Mussolinis durch den Faschistischen Großrat in der dramatischen Nachtsitzung vom 24. auf den 25. Juli 1943, kurz nach der Landung der Alliierten in Sizilien, und seine Entlassung aus dem Amt durch den König mit anschließender Verhaftung und Verbannung auf den Gran Sasso schienen auch für die Juden endlich Erleichterung zu bringen – nach nunmehr fünf Jahren harter Diskriminierung. Aber Marschall Badoglio, Oberbefehlshaber der italienischen Truppen, der nun die Macht aus der Hand des Königs übernahm, zögerte vor einem abrupten Bruch mit dem alten Regime und suchte, während seine Emissäre insgeheim mit den Alliierten verhandelten, eine Herausforderung der Deutschen, die im Lande standen, zu vermeiden. Die Rassengesetze wurden nicht aufgehoben und das Amt für Demographie und Rasse nicht aufgelöst, nur sein Leiter verhaftet, ebenso wie der antisemitische Publizist Interlandi, dessen Gazette eingestellt wurde. Lediglich ein Teil der inhaftierten Juden wurde freigelassen, vornehmlich solche, die des bloßen Antifaschismus beschuldigt worden waren. Bassani kam wenige Tage nach dem Sturz Mussolinis deshalb frei, ebenso Leone Ginzburg und Mario Levi. Andere, die als Spione, Kommunisten oder Anarchisten beschuldigt wurden, und vor allem ausländische jüdische Flüchtlinge wurden weiter festgehalten. Viele Juden wiegten sich trotzdem in einer trügerischen Sicherheit und waren nicht darauf vorbereitet, daß die Deutschen, nachdem Badoglio am 8. September 1943 die bedingungslose Kapitulation Italiens bekanntgegeben hatte, in einer Blitzaktion die italienische Armee entwaffnen und selbst die volle Macht übernehmen würden. Himmler hatte für diesen Fall schon vorgesorgt. Wie Raul Hilberg anhand der vorliegenden Dokumente nachweist, beklagte er sich bereits Anfang 1943 bei Ribbentrop darüber, daß die Italiener die Maßnahmen des Reichssicherheitshauptamtes zur Judendeportation sabotierten, wo sie konnten. Nun, wo er freie Hand hatte, etablierte er sofort eine Reihe deutscher Dienststellen, die die Maßnahmen gegen die Juden nach dem Vorbild des Deutschen Reiches exekutieren sollten. Er wartete damit keineswegs auf die Einrichtung der italienischen Regierung unter Mussolini in Salò am Gardasee, sondern machte sich ohne Konsultation der neuen Repubblica Sociale Italiana und ihrer Marionettenregierung ans Werk. In einem Rundschreiben vom 23. 9. 1943 wurde verfügt, daß alle Juden der aufgeführten Nationalitäten in die Deportationsmaßnahmen einzubeziehen seien, an der Spitze die italienischen Juden. Die Maßnahmen sollten sofort ergriffen werden. Von Rom ausgehend wurde die Verfolgung nach Norden ausgedehnt, die Opfer schaffte man in das Hauptlager Fossoli bei Carpi (nördlich von Modena) oder nach La Risiera bei Triest, später in das Lager Gries bei Bozen. Besonders hart traf es zunächst die römischen Juden. Der deutsche SS-Obersturmführer Herbert Kappler, Polizeichef der Stadt, forderte von ihnen fünfzig Kilogramm Gold in 48 Stunden, andernfalls würden 200 Juden deportiert. Die Führer der jüdischen Gemeinde, der ehemalige Vizepolizeichef Dante Almansi, nun Präsident der Union der jüdischen Gemeinden Italiens, und Ugo Foà, Vorsitzender der jüdischen Gemeinde Roms, gingen auf diesen Handel ein. Beide gehörten zu denen, die eine Auflösung der jüdischen Gemeinde, die aus Sicherheitsgründen angebracht gewesen wäre, nicht wollten. Sie glaubten nach wie vor an Hilfe durch Mussolini und den Papst und fürchteten die Folgen der Auflösung der Gemeinde. Vielleicht hofften sie auch auf ein rascheres Nahen der alliierten Truppen, die von Salerno aus nach Rom vordrangen. Jedenfalls taten sie nichts, um vorbeugende Maßnahmen zum Verstecken der jüdischen Bevölkerung zu treffen. Das Gold wurde mit Hilfe von Nichtjuden aufgebracht und am 28. 9. im Gestapohauptquartier übergeben. Am 16. Oktober, im Morgengrauen, umstellte die SS das römische Ghetto am Tiber und durchkämmte die Häuser. 1259 Menschen, darunter allein 896 Frauen und Kinder, wurden ergriffen, 1007 in die Lager verschleppt. Von den rund 8000 Juden, die sich in Rom aufhielten, waren viele rechtzeitig in den Untergrund gegangen, nicht zuletzt mit Hilfe der Kirche, die offiziell, zur Erleichterung der Deutschen, die hier Widerstand befürchtet hatten, schwieg. Wie der deutsche Botschafter beim Vatikan, der ehemalige

Außenamtssekretär Weizsäcker, am 17. Oktober an das Auswärtige Amt schrieb, »um das Verhältnis zu der deutschen Regierung und den in Rom befindlichen deutschen Dienststellen nicht zu belasten« (zitiert bei Hilberg). Nach einem Bombenattentat im März 1944 in Rom ließ Kappler in den ardeatinischen Höhlen am Rande Roms 335 Geiseln erschießen, darunter 57 Juden.

Als am 1. Dezember 1943 ein neues italienisches Gesetz bekannt wurde, dem zufolge alle Juden in Konzentrationslager einzuliefern seien und ihre Vermögenswerte als Feindeigentum der Beschlagnahme unterlägen, hatte sich die Mehrheit der Juden bereits versteckt, auf dem Lande und in den Städten, in Klöstern und anderen einigermaßen sicheren Orten des Unterschlupfes. Wer konnte, floh heimlich in die Schweiz. Einige gingen zu den Partisanen. In Florenz drängte der neue faschistische Präfekt die Juden, ihre Wohnungen zu verlassen und Verstecke aufzusuchen. Viele gingen nur aufs Land, um dem Bombenkrieg zu entfliehen, und gaben in ihrer neuen Umgebung nicht an, daß sie Juden seien. In Venedig verbrannte der Vorsteher der jüdischen Gemeinde die Adressenlisten, bevor die Deutschen sie finden konnten. Mehrfach beklagte sich das Reichssicherheitshauptamt über die italienischen Verzögerungen, die es den Juden ermöglicht hätten, rechtzeitig unterzutauchen, während die verfügbaren SS und Polizeikräfte nicht ausreichten, alle aufzuspüren.

Dennoch konnten insgesamt 7496 italienische Juden nicht mehr entkommen, sie wurden deportiert und in die Vernichtungslager eingeliefert. 6886 kehrten nicht zurück (so Hilberg; die Zahlen von Susan Zuccotti liegen geringfügig darunter). Von den 37100 italienischen und den 8100 ausländischen Juden, die sich 1943 noch in Italien aufhielten, überlebten also rund 85 Prozent den Holocaust. Die Gründe dafür sind vielfältig: Die späte Besetzung durch die Deutschen, die Unterstützung vieler nichtjüdischer Italiener, auch solcher in staatlichen Diensten, die gemeinsame Fähigkeit und Neigung, Gesetze und staatliche Anordnungen zu umgehen, wohl auch das Fehlen einer antisemitischen Grundhaltung bei der Mehrheit der italienischen Bevölkerung und schließlich der konstante Vormarsch der Alliierten, die Mitte 1944 Rom erreichten. Nicht zu vergessen ist aber, daß in der Endphase ab Dezember 1943 auch italienische Polizeieinheiten und später die »Brigate Nere«, fanatische Faschisten und Kriminelle, das letzte Aufgebot der Republik von Salò, systematisch Jagd auf Juden machten und vor allem in Oberitalien für die Zulieferung in die Lager sorgten.

Ohne die Hilfe italienischer Informanten wären sicherlich mehr Juden unentdeckt geblieben. Rom verließen schließlich bis zur Befreiung der Stadt weitere 835 Juden als Deportierte. Mailand, Triest und Turin folgten an der Spitze der betroffenen jüdischen Gemeinden. Dennoch bildeten die Denunzianten und Judenverfolger die kleine Ausnahme unter der italienischen Bevölkerung, die so den geringsten Anteil an Opfern unter ihren jüdischen Mitbürgern im Vergleich zu allen anderen Ländern zu beklagen hatte, in denen SS und deutsche Militärs die »Endlösung der Judenfrage« betrieben.

Nach der Befreiung kehrten die Juden, die überlebt hatten, aus ihren Verstecken und aus der Emigration, wenige nur aus den deutschen Vernichtungslagern, in ihre Heimatorte zurück. Wo es möglich war, fanden sie sich wieder zu jüdischen Gemeinden zusammen. An den Synagogen, die wieder aufgebaut wurden, brachte man Gedenktafeln mit den Namen der Opfer an. Das alltägliche Leben begann sich zu normalisieren, inmitten einer veränderten Umwelt. Die Rassengesetze wurden offiziell aufgehoben, ein Prozeß, der sich lange hinzog.

Denjenigen, denen es nach dem, was sie erfahren und erlitten hatten, nie mehr ganz gelang, sich ins bürgerliche Leben wieder einzugewöhnen, hat Giorgio Bassani in der Person des Geo Josz ein Denkmal gesetzt: »Während der Jahre 1946, 1947 und zum großen Teil auch 1948 stand uns die allmählich immer abgerissener und trostloser wirkende Gestalt Geo Josz ständig vor Augen. Auf den Straßen und Plätzen der Stadt, im Kino oder Theater, als Zuschauer auf dem Sportplatz und bei öffentlichen Veranstaltungen – man brauchte nur den Kopf zu wenden, und schon erblickte man ihn: unermüdlich und immer wie mit einem Schatten melancholischen Staunens im Blick, so als wünsche er sich nichts Besseres, als mit einem ins Gespräch zu kommen. Aber sie mieden ihn alle wie die Pest. Niemand verstand ihn. Niemand wollte ihn verstehen... Er verschwand unversehens, wie eine Romanfigur, ohne die geringste Spur zu hinterlassen.«

Andere, die sich scheinbar problemlos wieder eingelebt hatten, wurden noch spät von den Schatten der Vergangenheit eingeholt, wie der Turiner Schriftsteller Primo Levi, der am 11. April 1987 Selbstmord beging. Am Schluß eines Berichts über die lange Irrfahrt zurück aus Auschwitz (*Die Atempause*) hatte er von einem Traum erzählt: »Und wirklich, nach und nach oder auch mit brutaler Plötzlichkeit löst sich im Verlauf des Traums alles um mich herum auf; die Umgebung, die Wände, die Personen weichen zurück, die Beklemmung nimmt zu, wird deutlicher, drängender. Dann ist alles ringsum Chaos, ich bin allein im Zentrum eines grauen, wirbelnden Nichts; und plötzlich weiß ich, was es zu bedeuten hat – und weiß auch, daß ich es immer gewußt habe: ich bin wieder im Lager, nichts ist wirklich außer dem Lager, alles andere waren nur kurze Ferien oder Sinnestäuschung, Traum: die Familie, die blühende Natur, das Zuhause...«

Diese Abhandlung stützt sich vor allem auf die folgenden Werke:

Laura Picciotto Fargion, La deportazione degli ebrei dall'Italia, in: *Atti del Convegno su »Spostamenti di popolazione e deportazioni in Europa durante la seconda Guerra mondiale«*, herausgegeben von Rinaldo Falcioni. Bologna, Capelli 1987

Renzo De Felice, *Storia degli ebrei Italiani sotto il fascismo*. Turin, Einaudi 1972

Raul Hilberg, *Die Vernichtung der europäischen Juden. Die Gesamtgeschichte des Holocaust*. Berlin, Olle & Wolter 1982, jetzt neu: Frankfurt/M., Fischer 1990

Giovanni de Luna, *Benito Mussolini in Selbstzeugnissen und Dokumenten*. Reinbek, Rowohlt 1978

Meir Michaelis, *Mussolini and the Jews, German – Italian Relations and the Jewish Question in Italy 1922–1945*. Oxford, The Clarendon Press 1988

Arnaldo Momigliano, *Die Juden in der alten Welt*. Berlin, Wagenbach 1988

Cecil Roth, *The History of the Jews of Italy*. Philadelphia, The Jewish Publication Society of America 1946

Sam Wagenaar, *The Pope's Jews*. London, Alcove Press 1974

Susan Zuccotti, *The Italians and the Holocaust. Persecution, Rescue and Survival*. London, Peter Halban 1987

Die Abschaffung der Rassengesetze ab 1944 wird detailliert behandelt in:

L'Abrogazione delle leggi razziali in Italia (1943–1987), herausgegeben und mit einer Einführung von Mario Toscano. *Problemi e profilo del nostro tempo: Collana del servizio studi del Senato della Repubblica*, Nr. 1, Rom 1988

Von deutscher Seite, wenn auch die Thematik nur am Rande eine Rolle spielt, ist zu erwähnen: Erich Kuby, *Verrat auf deutsch. Wie das Dritte Reich Italien ruinierte*. Hamburg, Hoffmann & Campe 1982

DIE STADT

Der Dichter und seine Stadt
Bilder und Texte

»Und da, inmitten der Ruhe und Schläfrigkeit gingen meine Gedanken wieder einmal zurück zu den Jahren meiner Kindheit und Jugend, zurück nach Ferrara und zu dem jüdischen Friedhof am Ende der Via Montebello. Ich sah dort wieder die weiten Rasenflächen, auf denen hier und da ein Baum stand, die Grabsteine und Stelen, die nur am Rand der Ringmauer und der Scheidemauern dichter wurden...«

aus: *Die Gärten der Finzi-Contini*

»*Und während Nino voller Unbehagen schwieg,
fühlte ich mit einem unbeschreiblichen Widerwillen den alten,
atavistischen Haß des Juden gegen alles, was christlich, katholisch –
kurz, was goïsch ist. Ich dachte auch an die Straßen wie Via
Mazzini, Via Vignatagliata oder den Vicolo Torcicorda – an dieses
Labyrinth enger Gassen, die im Winter feucht, im Sommer
erstickend waren und die einmal das Ghetto von Ferrara gebildet
hatten. Goi und Gojim – welch eine Schmach, welch eine
Demütigung, welch einen Schauder bereitete es mir, daß ich mich
dieser Ausdrücke bediente!*«

aus: *Die Brille mit dem Goldrand*

»*Ach ja, seufzte er, man würde die Tafel ändern müssen angesichts der Tatsache, daß jener Geo Josz, dem sie zu einem Teil galt, niemand anders war als er selbst, der hier in Fleisch und Blut vor ihnen stand. Es sei denn... meinte er, daß die für diese Ehrung verantwortliche Kommission seine Rückkehr als Wink des Schicksals nehmen wolle und auf eine Gedenktafel überhaupt verzichte, die – wie er grinsend hinzufügte – zwar den unbestreitbaren Vorteil aufwies, daß sie jeder an einer so verkehrsreichen Stelle quasi lesen mußte (›allerdings, lieber Freund, vergessen Sie dabei den Staub; in einigen Jahren wird kein Mensch mehr diese Tafel sehen, Sie werden es erleben!‹), andererseits aber den großen Fehler hatte, daß sie in ungebührlicher Weise die so anständige und schlichte Fassade ›unseres guten alten Gotteshauses‹ verschandelte, das ebenso wie die Via Mazzini, die Gott sei Dank vom Krieg vollkommen verschont geblieben war und noch ganz wie früher aussah, zu den wenigen Dingen gehöre, auf die man noch bauen könne...*«*

aus: *Eine Gedenktafel in der Via Mazzini*
     (Ferrareser Geschichten)

»Die Reise in die weite Welt, sie traten sie nicht mehr
an. Und so kann man auch ihre Namen auf der großen
Gedenktafel lesen, die an der Mauer des israelitischen Tempels in
der Via Mazzini angebracht ist und die die Namen von
einhundertdreiundachtzig Juden aus Ferrara enthält, die gegen
Ende 1943 nach Deutschland deportiert worden waren.«

aus: *Hinter der Notwendigkeit versteckt sich Gott*
     (Der Geruch von Heu)

כי עליך הורגנו כל היום נחשבנו כצאן טבחה
SALMI 44 27

DELLA COMUNITÀ DI FERRARA
NOVANTASEI I CORPI MARTORIATI
IN QUESTA PIETRA IL LORO NOME
FRA LE BRACCIA DELL'ETERNO
L'ANIMA IMMORTALE

ANCONA GUGLIELMO
ANCONA OLGA
ASCOLI ELISA
BASSANI CARLO
BASSANI GIUSEPPE
BASSANI LAMPRONTI GINA
BASSANI MARCELLA
BEMPORAD BIANCA
BEMPORAD JOLE
BEMPORAD SILVIO
BORGHI TREVES ELISA
BORGHI FINZI GIOGGIA
BAFFARI CIANBOTTI IDA
CASTELFRANCHI RENATO
COEN GIORGIO
CONEGLIANO BRUNO
CONEGLIANO GIULIO
DEL VECCHIO EMMA
FANO EMILIO FELICE
FANO MELLI AMEDEA
FANO GIUSEPPINA
FARBER DAVIDE
FARBER FINK ESTER
FARBER BRUNO
FINK BENZION
FINK BIRNBAUM ROSA
FINK ISACCO
FINZI GIUSEPPINA
FINZI SILVIO
FORTI LEONELLO
FORTI JESI CAROLINA
GUTMANN LEVI MALVINA
JACCHIA DIANA
JACCHIA DINA
JESI MARZOLA ROSINA
LAMPRONTI UMBERTO
LAMPRONTI FORTI BERTA
LAMPRONTI CARLO
LAMPRONTI MARCO
LAMPRONTI POLACCO ALBA
LEVI GASTONE
LEVI FARCION LUISA
MAGRINI ASCOLI ISA
MAGRINI SILVIO
MAGRINI BASSANI ALBERTINA
MATATIA NESSIM
MATATIA HAKIM MATILDE
MATATIA ROBERTO

MATATIA CAMELIA
MELLI ANGELA
MELLI ISABELLA
MINERBI ALDO
MINERBI DINO
MINERBI RAVENNA BIANCA
NEPPI RAGGI OLGA
OTTOLENGHI GIANNI
OTTOLENGHI AZZARELLI LINA
PESARO COSTANZA
RAVENNA DINO
RAVENNA GIORGIO
RAVENNA MARIO
RAVENNA EUGENIO vu ISACCO
RAVENNA ADOLFO
RAVENNA VITTORIO
RAVENNA GUGLIOTTO
RAVENNA DINO
RAVENNA GLASSI LETIZIA
RAVENNA FRANCA
RAVENNA MARCELLO
RAVENNA RAVENNA MARGHERITA
RAVENNA ABBA MARCELLA
RAVENNA GERMANA
RIETTI ALFREDO
RIETTI CAVALIERI ERSILIA
RIETTI GASTONE
RIETTI LEONELLA
RIETTI GIULIO
RIETTI NELLO
ROSSI MARGHERITA
ROSSI MILENA
ROTSTEIN FINK LINA
ROTSTEIN ADELE
ROTSTEIN GIORGIO
ROTSTEIN WANDA
SARALVO RINO
SARALVO GESARINA
SARALVO NELLI ZAIRA
SARALVO LIVIO
SARALVO LINDO
SINIGALLIA LUISA
TEGLIO UGO
ZAMORANI EMILIO
ZAMORANI MARIO
ZAMORANI DANIELE
ZAMORANI CAVALIERI GIUSA
LEVI EMMA
FRENI OTTORARDO

**VIETATO
appoggiare
biciclette**

»*Dieser Hintergrund ist die Via Mazzini, die,
ausgehend von der Piazza delle Erbe, am alten Ghetto vorbeiführt
– mit der Kapelle von San Maurelio am Anfang, dem schmalen
Spalt in ihrer Mitte, den die Via Vittoria aufreißt, etwas weiter
dann der roten Backsteinfassade des israelitischen Gotteshauses und
überall der Doppelreihe seiner hundert Tuchläden und sonstigen
Geschäfte, deren jedes in seinem von allerlei Gerüchen wie
gesättigten Dämmerlicht seine eigene kleine Seele birgt, mit all der
Vorsicht, Skepsis und Ironie des Kaufmanns – und die alten
gewundenen Gassen des mittelalterlichen Stadtkerns mit den zügig
angelegten, freilich durch den Bombenkrieg arg zerstörten
Verkehrsadern der Renaissance- und der modernen Stadtteile
verbindet.*«

aus: *Eine Gedenktafel in der Via Mazzini*
    (Ferrareser Geschichten)

»Im ersten Augenblick bemerkt man es vielleicht gar nicht. Aber man braucht nur einige Minuten an einem Tischchen vor dem Caffè della Borsa am Corso Roma zu sitzen, vor sich den steil abfallenden Felsen des Uhrturms von fast dolomitischem Rot, und ein wenig weiter rechts davon die zinnengekrönte Terrasse der Orangerie, und es wird einem sofort ins Auge fallen. Ja, ob bei Tage oder Nacht, ob im Sommer oder Winter, ob es regnet, oder ob die Sonne scheint: da ist keiner, den sein Weg hier vorüberführt, der nicht lieber auf der Seite unter den niedrigen Arkaden ginge, wo im Dämmerlicht das Caffè della Borsa und die alte Apotheke von Barilari nebeneinanderliegen, statt auf der Seite gegenüber, dem Bürgersteig, der genau dem Burggraben folgt.«

aus: *In einer Nacht des Jahres 1943*
    (Ferrareser Geschichten)

»...wenn sich irgend jemand sonst den Bürgersteig an der roten Mauerbrüstung am Burggraben entlang wagt – eine Linie der obere Rand dieser Mauerbrüstung, die den Oberkörper eines Mannes ungefähr in der Höhe des Herzens schneidet – und dabei ein Gesicht macht, als hätte er auch nicht den geringsten Grund zu vermuten, es liege in seinem Tun etwas Ungewöhnliches, etwas Besonderes – dann ist's ein Fremder, einer von auswärts, jemand, der es nicht wissen kann.«

aus: *In einer Nacht des Jahres 1943*
      (Ferrareser Geschichten)

QUI CADUTI PER LA LIBERTA'
COLAGRANDE AVV. PASQUALE
PIAZZI AVV. GIULIO
TEGLIO AVV. UGO
VITA FINZI ALBERTO

»Da ist plötzlich das Bild des Apothekers an einem der Fenster in der Wohnung im oberen Stock. Er ist also da, wie immer: auf seinem Posten, die mageren, weißen, haarigen Arme in Augenhöhe gehoben und die funkelnden Linsen seines Feldstechers auf die nichtsahnenden Passanten gerichtet. Er lächelt verstohlen in sein dünnes, amerikanisch gestutztes Schnurrbärtchen. Und im Herzen der Menschen, die sich im schützenden Schatten der Arkaden drängen, wächst jedesmal die Genugtuung, sich an dieser Stelle zu befinden und nicht drüben, schutzlos, am Pranger.«

aus: *In einer Nacht des Jahres 1943*
      (Ferrareser Geschichten)

»An diesen leuchtenden Spätnachmittagen im
September war der große rasenbewachsene Platz vor der Kirche
San Cristoforo wie immer in der schönen Jahreszeit von Kindern,
Kindermädchen und Liebespaaren bevölkert. Trotz allem, was
Rovigatti sagte, gab es in der ganzen Stadt keinen geeigneteren
Platz, an dem sich zwei Menschen treffen konnten, ohne allzuviel
Verdacht zu erregen, und sei es selbst ein junger Mann mit einer
alten Dame, die sicher nicht gekommen waren, um miteinander zu
flirten. Sie saßen meist auf den Stufen des Kirchplatzes
nebeneinander und unterhielten sich; manchmal saßen sie auch im
Gras, am Rande des Schattens, der sich, während die Sonne sank,
allmählich bis zum südlichen Ende des Säulengangs, bis zur
Einmündung der Via Borso, ausdehnte.«

aus: *Die letzten Jahre der Clelia Trotti*
    (Ferrareser Geschichten)

»...ein Grab, das in dem Teil der Wiese, der sich genau der Kirche von San Cristoforo gegenüber befand, ausgehoben war. Nicht also im Bereich des eigentlichen Friedhofs, sondern außerhalb, auf städtischem Boden in ungeweihter Erde, dort wo, abgesehen von einem 1917 an Malaria verstorbenen englischen Protestanten, seit vierzig Jahren niemand mehr begraben worden war.«

aus: *Die letzten Jahre der Clelia Trotti*
  (Ferrareser Geschichten)

*»An den Winterabenden, zumal wenn ein eisiger
Wind vom Domplatz in die Via Gorgadello fuhr, nahm der wohlhabende Bürger das kleinste Halsweh zum Vorwand, um, in einen
schweren Pelzmantel gehüllt, durch die angelehnte Haustür an der
Ecke Via Bersaglieri del Po zu treten, die zwei Treppenabsätze
hochzusteigen und an der Glastür zu läuten.«*

aus: *Die Brille mit dem Goldrand*

»*Aber am liebsten ging Fadigati die engen, menschenwimmelnden Bürgersteige der Via San Romano entlang. Traf man ihn dort unter den niedrigen Arkaden, wo ein scharfer Geruch nach gebratenem Fisch, Geräuchertem, fremdartigen Gewürzen und billigem Wein in der Luft stillzustehen schien und wo sich stets eine Menge von Mädchen, Soldaten, Burschen und Bauern in ihren Capes drängte, so stellte man mit Verwunderung fest, wie lebhaft, fröhlich und zufrieden er dreinblickte und wie ein unbestimmtes Lächeln sein Gesicht aufhellte.*«

aus: *Die Brille mit dem Goldrand*

»Wir hatten dann den Ausschank verlassen, den menschenleeren Listone überquert und waren durch die Via San Romano gekommen, bis wir am Ende ohne ein bestimmtes Ziel die Via delle Volte entlanggingen. Die Straße, ohne Bürgersteig und mit löchrigem Steinpflaster, schien noch dunkler zu sein als sonst. Wie immer hatte Malnate, während wir gleichsam tastend weitergingen und das Licht, das aus den halbgeschlossenen Haustüren der Bordelle drang, unsere einzige Orientierungshilfe war, irgendeine Strophe von Carlo Porta zu deklamieren begonnen...«

aus: *Die Gärten der Finzi-Contini*

Eberhard Schmidt
Auf den Spuren der Finzi-Contini

Ein Gang durch Giorgio Bassanis Ferrara – heute

Die Einladung zu einem Spaziergang auf den Spuren von Romanfiguren löst auf den ersten Blick natürlicherweise ein gewisses
Befremden aus. Noch dazu, wenn die Zeit, in der diese Phantasie-
gestalten angesiedelt sind, ein halbes Jahrhundert und mehr zurück-
liegt, die Welt, der sie angehört haben, längst versunken ist.

Was soll es wohl für einen Sinn machen, in einer abgelegenen
Stadt der italienischen Provinz Orten oder Personen nachzuspüren,
die einem Roman Farbe und Kontur verliehen haben, dessen Szene-
rie in so vielen Belangen von unserer heutigen Zeit verschieden ist?

Die Frage ist tatsächlich nicht leicht zu beantworten. Soll man die
Lust an literarischer Archäologie, den Reiz am Aufspüren nach-
prüfbarer Details gelten lassen? Kann das wissenschaftliche Inter-
esse, hinter den modernisierten Fassaden die Zeugnisse einer abge-
lebten Epoche wiederzufinden, das Unterfangen rechtfertigen?

Vielleicht reicht es als Motiv der Spurensuche aus, am Ariadne-
faden sichtbarer Zeichen und Male des Vergangenen tiefer in das
Verständnis eines Romanlabyrinths einzudringen, das mehr verspricht als nostalgische Vergangenheitsbeschwörung.

Eins ist sicher, im konkreten Falle findet das Unternehmen seine
Stütze durchaus beim Autor selbst, der sich immer als Dichter und
Historiker in einer Person verstanden hat und bemüht war, in seinem *Romanzo di Ferrara* die Gesellschaft seiner Heimatstadt und
ihr Schicksal in der Zeit zwischen den beiden großen Kriegen aufs
genaueste zu rekonstruieren: »Meine Romangestalten sind keine
Marionetten, sondern wirkliche Personen, die in einer bestimmten
Straße wohnen, die einer bestimmten sozialen Sphäre angehören –
und die obendrein in Buchenwald umgekommen sind.« Dennoch
handelt es sich bei dieser Reise durch Raum und Zeit keineswegs
um einen Schlüsselroman, wie nach dem Erscheinen einige, auch in

Ferrara, gemutmaßt haben. Die historische Wahrheit, die hier waltet, die Glaubwürdigkeit (die »credibilità«), entzieht sich simplem, dokumentarischem Verismus. Bassanis Wege bei der Rekonstruktion der Ferrareser Gesellschaft in der faschistischen Epoche (gelegentlich ausgreifend in die Zeit, die voranging, und die, die folgte), sind verschlungener. Die Dichte der Wirklichkeit, ihre unnachahmliche Farbe und ihr Geschmack werden eher durch sparsame Zutaten äußerer Realität erreicht, die ihre Qualität aber dadurch erhalten, daß sie in einem präzisen historischen Kontext erscheinen, der den Romangestalten, über die Logik ihrer Beziehungen zueinander hinaus, die zeitgenössische Glaubwürdigkeit verleiht. Ihm ginge es darum, hat der Autor einmal gesagt, »poetische Intuition und Dokument einander so anzunähern, daß das eine die Farbe des anderen annimmt«.

Einen weiteren Hinweis bietet Bassani für eine Spurensuche an, die den Finzi-Contini und ihren Schicksalsgenossen gilt: die Erzählungen und Romane, die im *Romanzo di Ferrara* zusammengefaßt sind, lesen sich genau genommen selbst wie Beschreibungen von Reisen. Reisen, die sich von der Peripherie auf ein Zentrum zu bewegen. So nimmt die Wiederaneignung Ferraras immer den Weg von den Rändern ins Zentrum der Stadt: »Ich mußte meinen Ausgangspunkt von einer Postkarte nehmen, ich mußte von der Peripherie ausgehen, um dann nicht einmal im Zentrum von Ferrara anzukommen, sondern am inneren Rand der Stadt, ...dasselbe auch bei den *Gärten der Finzi-Contini*, die mit einer Vorrede beginnen, die plötzlich, unvermittelt das schreibende Ich und das lebendige Ich hinstellt. Wir sind weit von Ferrara, weit von den Wurzeln des Erzählers und der Hauptgestalt, wir sind in Rom, an den Grenzen Roms... Der Roman beginnt an den Rändern, er beginnt in Cerveteri, aber er beginnt auch an den Rändern der Stadt Ferrara. Es genügt nicht, in Ferrara anzukommen, der Autor muß bis zu den Mauern eines gewissen Gartens gehen; der Roman ist nichts anderes als die Geschichte dieses Ganges bis zu dieser Grenze, um dann die Mauern dieses Gartens zu überwinden, den Garten zu durchqueren, einzutreten in das Haus, das im Zentrum des Gartens steht, und von Zimmer zu Zimmer, von Salon zu Salon zu gehen, um schließlich im Zimmer Micòls anzukommen...«

Die Reisen nehmen ihren Ausgang bei Bassani nicht zufällig an

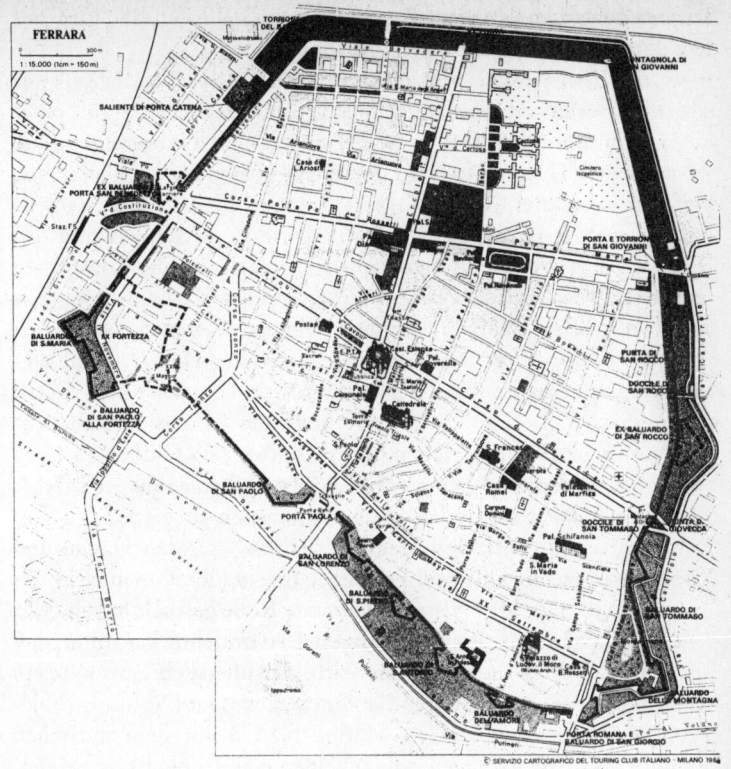

Orten des Totengedenkens: Kaddisch wird gehalten, die jüdische Totenklage. Sei es der jüdische Friedhof von Ferrara oder der christliche an der Piazza della Certosa oder gar das etruskische Gräberfeld bei Cerveteri, der Blick wird zurückgelenkt auf das Gewesene, »das Leben, so lebendig und pochenden Herzens wie damals, als es sich das erste Mal ereignet hatte«.

Beginnen also auch wir unseren ersten Rundgang durch das Ferrara Bassanis am Rande der Stadt, an ihrer Mauer, die sie noch immer ein wenig von der übrigen Welt abschließt. Die »mura«, der dicht mit

Bäumen bestandene Stadtwall, gibt an einer Stelle den Blick frei auf den jüdischen Friedhof, der noch fast unversehrt, in seiner ursprünglichen Gestalt, wie der Autor ihn beschrieben hat, vorzufinden ist: »Der israelitische Friedhof von Ferrara, ganz von einer alten, etwa drei Meter hohen Mauer umgeben, ist eine weite, grasbewachsene Fläche, ja, so weit, daß die Grabsteine, die in einzelnen weit voneinander entfernten Gruppen stehen, im ganzen als zahlenmäßig sehr viel geringer erscheinen, als sie es tatsächlich sind. Im Osten verläuft die Friedhofsmauer dicht neben den alten Bastionen der Stadt, die ausnahmsweise an dieser Stelle noch dicht bestanden sind von großen Bäumen: Linden, Ulmen, Kastanien, sogar Eichen, die in doppelter Reihe auf dem Erdwall stehen...« Auf diesem Friedhof, den der Besucher am Ende der schmalen und schlecht gepflasterten Via delle Vigne durch ein großes Tor aus grauem Stein mit hebräischen Schriftzeichen betritt, finden sich Gräber mit dem Leser sehr vertrauten Namen. Hier liegen die Limentani, die Finzi, die Contini, die Levi und Rotstein neben den Ravenna, den Minerbi, den Lampronti, den Magrini, den Bassani, den Hanau und Hirsch und vielen anderen Familien, die in der Geschichte des Ghettos und der Stadt eine so bedeutende Rolle gespielt haben. Namen, die Bassani für seine Romangestalten entlehnt hat, ohne daß das Schicksal ihrer existierenden Vorbilder identisch gewesen sein mag mit dem der imaginierten Gestalten. Dennoch: Sowenig diejenigen, die unter den weißen Marmorplatten auf dem jüdischen Friedhof von Ferrara liegen, im einzelnen eine Ähnlichkeit aufweisen mit Micòl, Alberto, Professor Ermanno oder Signora Olga und all den anderen, die hier zu nennen wären, so unbestreitbar ist doch das Weiterleben ihrer Namen in jener Dimension, »wo sich das Herz zu erinnern vermag«: in der Literatur.

Und noch immer kann der Besucher, der im Sommer das Tor des Friedhofs durchschreitet, dankbar den Hauch von Frische spüren, der von den weiten gemähten Rasenflächen ausgeht, ganz wie es der Erzähler geschildert hat: »Sobald der Leichenwagen die Schwelle des großen Friedhofstores überquert hatte – wobei es einen sanften Ruck gab –, wirkte sich ein kräftiger Geruch von frischem Heu belebend auf den von der Hitze erschöpften Trauerzug aus. Was für eine Wohltat! Und dieser Frieden! Sofort trat eine allgemeine, fast fröhliche Bewegung ein...« Solche Trauerzüge sind heute selten geworden, denn die jüdische Gemeinde von Ferrara, die in den dreißiger Jahren noch rund 800 Seelen zählte, besteht nunmehr aus nicht mehr als sechzig Mitgliedern, von denen sich an den hohen Feiertagen gerade noch ein gutes Dutzend in der Synagoge an der Via Mazzini versammelt, dort wo einmal der Mittelpunkt des alten Ghettos war.

Der Weg dorthin führt uns vom Friedhof durch die staubige Via Montebello, die in der Mittagshitze wie ausgestorben daliegt, über den Corso Giovecca hinweg, den Weg der Trauerzüge umkehrend, zurück ins Herz der Stadt, gleichsam die Toten wieder zum Leben erweckend. Wir sind in der Via Mazzini angekommen, »die, ausgehend von der Piazza delle Erbe, am alten Ghetto vorbeiführt – mit der Kapelle von San Maurelio am Anfang, dem schmalen Spalt in ihrer Mitte, den die Via Vittoria aufreißt, etwas weiter dann der roten Backsteinfassade des israelitischen Gotteshauses und überall der Doppelreihe seiner hundert Tuchläden und sonstigen Geschäfte, deren jedes in seinem von allerlei Gerüchen wie gesättigten Dämmerlicht seine eigene kleine Seele birgt, mit all der Vorsicht, Skepsis und Ironie des Kaufmanns –, und die alten gewundenen Gassen des mittelalterlichen Stadtkerns mit den zügig angelegten, freilich durch den Bombenkrieg arg zerstörten Verkehrsadern der Renaissance- und der modernen Stadtteile verbindet.« Die Via Mazzini hat heute den Charakter einer Geschäftsstraße wie viele andere auch, unterschiede sich nicht von benachbarten Straßen wie der Via San Romano oder der Via Bersaglieri del Po, gäbe es da eben nicht, zwischen der Via Vignatagliata und der Via delle Scienze, unübersehbar wie einen erratischen Block, die alte Synagoge mit den beiden großen Marmortafeln an ihrer Stirnseite neben dem Eingangsportal, die in gut lesbaren Lettern die Gedenkinschrift und – heute – die Namen von 96 aus Ferrara deportierten Juden vorweist, darunter viele Ravenna, Rotstein, Lampronti, Magrini, auch Bassani. Nicht aber jenen Geo Josz, der, als er »in dem strahlenden Licht und der Stille eines Mittags im August« des Jahres 1945 zusieht, wie ein junger Maurer die Gedenktafel anbringt, für seinen Fall energisch auf Änderung besteht: »Es sei denn ... daß die für diese Ehrung verantwortliche Kommission seine Rückkehr als Wink des Schicksals nehmen wolle und auf eine Gedenktafel überhaupt verzichte, die – wie er grinsend hinzufügte – zwar den unbestreitbaren Vorteil aufwies, daß sie jeder an einer so verkehrsreichen Stelle quasi lesen mußte (›allerdings, lieber Freund, vergessen Sie dabei den Staub; in einigen Jahren wird kein Mensch mehr diese Tafel sehen. Sie werden es erleben!‹), andererseits aber den großen Fehler hatte, daß sie in ungebührlicher Weise die so anständige und schlichte Fassade ›unseres guten alten Gotteshauses‹ verschandelte, das ebenso wie die Via Mazzini, die Gott sei Dank vom Krieg vollkommen verschont geblieben war und noch ganz wie früher aussah, zu den wenigen Dingen gehöre, auf die man noch bauen könne …«

Die Synagoge, im warmen braunroten Ziegelton, für den Ferrara berühmt ist, birgt in sich eigentlich drei einzelne Synagogen, die den verschiedenen Riten, dem italienischen, deutschen und spanischen, gewidmet sind. Nach der teilweisen Zerstörung und Plünderung durch fanatische Mitglieder der faschistischen Partei Anfang der vierziger Jahre sind die sakralen Räume wieder instand gesetzt worden (und übrigens auch zu besichtigen). Wenige Schritte von hier treffen wir in der stillen Via Vignatagliata (Nr. 79) auf das Gebäude, in dem die Schule des Ghettos sich befand, in der Bassani 1938–1943 gezwungenermaßen unterrichtete. Heute ist darin eine Schreinerei untergebracht. Aber hinter den mit Papier verhangenen Wänden zeigt der Schreiner noch die alten Inschriften, die hier angebracht waren. Listen von Spendern zum Beispiel, wie sie sich auch auf Marmortafeln im Flur des ehemaligen jüdischen Altersheims in der benachbarten Via Vittoria (Nr. 39) finden und auf denen man die vornehmsten Namen des jüdischen Patriziats von Ferrara liest, mit genauer Nennung der Spendensumme (Bassanis Vater Enrico gehörte hier zum Vorstand).

Ferrara war seit dem Mittelalter ein Zentrum des italienischen Judentums gewesen. Dank der großzügigen Protektion durch das Geschlecht der Este, die die Zuwanderung spagnolischer, portugiesischer und deutscher Juden gegen päpstliches Widerstreben förderten, wuchs die jüdische Gemeinde in Ferrara im 16. Jahrhundert auf über 2000 Köpfe an. Zehn Synagogen und das rabbinische Tribunal hatten in der Stadt, die damals von fast 50000 Menschen bewohnt wurde, ihren Sitz. Als die letzten Herren aus dem Geschlecht der Este 1598 die Stadt verlassen mußten und Ferrara an den Kirchenstaat fiel, setzten die ersten Judenverfolgungen bald ein. Die Juden mußten als Erkennungszeichen einen gelben Schal tragen und durften keine Grundstücke oder Häuser mehr erwerben. Sieben der zehn Synagogen wurden geschlossen. 1627 wurde das Ghetto mit fünf eisernen Toren verschlossen, die nur tagsüber geöffnet waren. Die vergitterten und vermauerten Fenster in den Obergeschossen der Via Contrari, einer der Begrenzungsstraßen des Ghettos, zeugen noch heute davon, wie die Bewegungsfreiheit der Juden eingeschränkt wurde. Die Zahl der Juden sank in den folgenden Jahrhunderten auf weniger als 1500.

Die französische Besetzung durch Napoleon, 1796, brachte, wie überall in Europa, den Juden die Bürgerrechte, aber nach 1815, als der Kirchenstaat erneut mit österreichischer Unterstützung die Stadt beherrschte, wurden Zug um Zug die alten Verhältnisse wiederhergestellt. Die Juden wurden aus allen öffentlichen Ämtern entfernt, und 1826 wurden die Tore des Ghettos auf Kosten der jüdischen Gemeinde erneut installiert und verschlossen. Mehr als vierzig Familien, die sich inzwischen außerhalb angesiedelt hatten, mußten wieder ins Ghetto zurückkehren. Nach und nach, ab 1848, begann sich die Lage der Juden zu bessern, aber erst 1859, mit der staatlichen Einigung Italiens, genossen sie die vollen Bürgerrechte. In Ferrara assimilierten sie sich rasch. Der *Indicatore Ferrarese*, eine Art Almanach, Berufsregister und Führer durch die Institutionen der Stadt, weist für das Jahr 1933 in vielen angesehenen Berufsgruppen jüdische Bürger aus, vor allem als Ärzte, Richter und Anwälte, Professoren, Ingenieure und Verwalter, aber auch in zahlreichen Tätigkeiten in Handel und Gewerbe. In führenden Positionen findet man zu dieser Zeit Mitglieder der jüdischen Gemeinde als Bürgermeister, unter den Stadträten und hohen Richtern, im Universitätsrat, als Direktor des Gymnasiums oder in der Verwaltung landwirtschaftlicher Interessen.

Eine erneute Rücknahme des Status als gleichberechtigte Bürger erschien nicht nur den jüdischen Einwohnern Ferraras ganz unvorstellbar. Als sie dennoch mit dem Beginn der antisemitischen Kampagne Mussolinis 1937 droht, reicht die Reaktion des jüdischen Bevölkerungsteils von Beschwichtigung, Angst und Unverständnis bis hin zu Verzweiflung, wie sie sich in der Antwort des jungen Ich-Erzählers in *Die Brille mit dem Goldrand* gegenüber den Bagatellisierungen des nichtjüdischen Freundes ausdrückt: »Ich fühlte mit einem unbeschreiblichen Widerwillen den alten atavistischen Haß des Juden gegen alles, was christlich, katholisch – kurz, was goiisch ist. Ich dachte auch an die Straßen wie Via Mazzini, Via Vignatagliata oder den Vicolo Torcicorda – an dieses Labyrinth enger Gassen, die im Winter feucht, im Sommer erstickend waren und die einmal das Ghetto von Ferrara gebildet hatten. Goi und Gojim – welch eine Schmach, welch eine Demütigung, welch einen Schauder bereitete es mir, daß ich mich dieser Ausdrücke bediente! Und doch war ich bereits dazu fähig wie irgendein Jude aus Osteuropa, der noch nie außerhalb eines Ghettos gelebt hat. Jetzt war ich überzeugt, daß sie, die Gojim, uns über kurz oder lang zwingen würden, wieder in jenem mittelalterlichen Viertel zu leben, das wir ja schließlich auch erst vor siebzig, achtzig Jahren verlassen hatten. Hinter Gittern zusammengepfercht wie geängstigte wilde Tiere würden wir nie wieder dem Ghetto entkommen.«

In der Via Mazzini, dort wo sie in die Piazza delle Erbe, den alten Gemüsemarkt an der Längsseite des Domes (heute: Piazza Trento Trieste), einmündet und wo einst eines der Tore stand, mit denen das Ghetto jeden Abend versperrt wurde, begegnet uns der Schauplatz einer weiteren Schlüsselszene in Bassanis Romanwerk. Es handelt sich um den Ort jenes »zunächst vollkommen unwahrscheinlichen Zwischenfalls«, von dem die Beobachter höchst unterschiedliche Versionen verbreiten und der sich im Kern wohl so abgespielt hat, daß Geo Josz, der aus Buchenwald zurückgekommen war, an einem Maiabend des Jahres 1946, »als die jüngste Generation schöner Mädchen aus Ferrara, unter dem offenen Beifall von den schmalen Bürgersteigen und den mehr im verborgenen bewundernden Blicken aus den dunklen Läden im Hintergrund, langsam die Via Mazzini heraufgeradelt kam, im Begriff, in die Piazza delle Erbe einzubiegen…«, dem alten Grafen Scocca, einem notorischen Spitzel der vormaligen faschistischen Polizei, öffentlich »zwei Ohrfeigen auf die permanenten Wangen gab«, weil dieser die Melodie von »Lili Marleen« vor sich hingepfiffen hatte: »Sicher war, daß sich von diesem Maiabend an vieles in Ferrara änderte. Wer verstehen wollte, verstand. Die anderen, die in der Mehrzahl waren, spürten zumindest, daß eine Wendung eingetreten war und etwas Gewichtiges, nicht Wiedergutzumachendes geschehen war.«

Wir befinden uns nun fast im Zentrum der Stadt, es sind nur wenige Schritte über die Piazza delle Erbe hinweg, an der Fassade des Doms vorbei, und wir haben den Corso Roma (heute: Corso Martiri della Libertà) erreicht, links von uns das mächtige, von Wassergräben umgebene Stadtschloß der Este, das Castello, auf der gegenüberliegenden Seite die Arkaden, die zum städtischen Theater führen. Der Corso Roma, Herz der Stadt und öffentliche Bühne der Bürger Ferraras, wo sich unter den Arkaden, in den Straßencafés und vor den Zeitungsverkaufsständen die »amici« gruppenweise, zu genau bestimmbaren Zeiten, zu versammeln pflegen, ist nach wie vor Umschlagplatz für alle die Stadt betreffenden Nachrichten und Gerüchte.

Unter den steinernen Bögen stellt auch heute ein Café seine kleinen Tische auf den Bürgersteig, ein Café von geringer Bedeutung, nicht mehr das bekannte »Caffè della Borsa«, an dem einst »nahezu in Permanenz an demselben Tisch« die Mitglieder »des berühmten faschistischen Triumvirats von Ferrara in der Zeit der Stoßtrupps« residierten und das Jahre später, »In einer Nacht des Jahres 1943«, die in Ferrara nicht vergessen werden kann, der Ort sein wird, von wo aus die Salve eines Maschinengewehrs auf dem Bürgersteig gegenüber, an der Mauerbrüstung des Burggrabens, »elf Mitbürger niedergemäht hatte, die zum Teil aus dem Gefängnis in der Via Piangipane, zum Teil aber auch aus ihren Wohnungen geholt worden waren«, unter ihnen auch drei Juden. Dieser Racheakt der faschistischen Miliz unter der Führung des späteren Präfekten Vezzalini (bei Bassani: Carlo Aretusi, genannt Sciagura, »das Unheil«) sollte eine Vergeltung für das Attentat auf den faschistischen Provinzsekretär Igino Ghisellini sein (den Konsul Bolognesi der Erzählung), der am Vortag von Partisanen am Ortsrand von Bologna erschossen worden war, wie es hieß, möglicherweise aber auch von eigenen Leuten beseitigt wurde.

Der Fremde, der hören will, kann, wenn er an der Mauerbrüstung des Burggrabens entlanggeht, an einem bestimmten Punkt, wenn er »an den kleinen Marmortafeln vorüberkommt, mit den eingravierten Namen der Füsilierten, die die Stadt 1945 gleich nach der Befreiung an drei verschiedenen Stellen an der Brustwehr des Burggrabens anbringen ließ – genau an den Stellen, wo die Leichen wie Puppen auf einen Haufen geworfen lagen und wo man sie am Morgen des 15. Dezember entdeckte«, vielleicht noch immer die leise, warnende Stimme des Apothekers Pino Barilari hören, einziger Augenzeuge der Tat, gelähmt, am Fenster der über seiner Apotheke gelegenen Wohnung, der die Passanten aufmerksam machen will auf das, was hier vorgefallen ist. Sicher, die Apotheke, noch immer an der nämlichen Stelle vorhanden, trägt einen anderen Namen, und im Prozeß gegen Vezzalini, der am 15. Juni 1945 in Novara (anders als in Bassanis Erzählung) mit dem Todesurteil für den Beschuldigten endete, das im September vollstreckt wurde, trat nachweislich kein Augenzeuge auf, der wie Barilari auf Befragen des Gerichtsvorsitzenden »die klassische Antwort des Bürgertums aller Zeiten« (Alfred Andersch) gab: »Ich schlief.« Der Schrecken der langen Nacht von Ferrara (die tatsächlich am 15. November 1943 stattfand) ist dennoch für immer in Bassanis kurzer Erzählung festgehalten: »Niemand ging zu Bett, niemand schlief. Kein Bürger Ferraras – auch nicht unter denen, die aufgrund ihrer früheren konformistischen Haltung gegenüber dem am 25. Juli 1943 gestürzten Regime die Wiederkehr des Faschismus ohne allzu große Sorge aufgenommen hatten –, der nicht fürchtete, sein Haus könne jeden Augenblick von den Rächern heimgesucht werden...«

Der Corso Roma oder besser: Corso Martiri della Libertà, wie er seit Kriegsende heißt, denn die Marmortafeln an der Mauerbrüstung des Burggrabens tragen die lapidare Inschrift: »Caduti per la libertà« (Gefallen für die Freiheit), mündet zwischen städtischem Theater und Castello in den Corso Giovecca. An der belebtesten Kreuzung der Stadt treffen die Straßen zusammen, die uns wieder hinaus an die Peripherie führen. Leicht versetzt, gegenüber dem Löwenportal des Kastells, nimmt der Corso Ercole I d'Este seinen Anfang: »Unsterblich geworden durch Giosué Carducci und Gabriele D'Annunzio, ist diese Straße in Ferrara den Liebhabern von Kunst und Dichtung in der ganzen Welt so bekannt, daß sich jede Beschreibung erübrigt. Sie befindet sich, wie man weiß, mitten in jenem Teil im Norden der Stadt, der zur Zeit der Renaissance dem engen mittelalterlichen Stadtkern angefügt wurde und deshalb Addizione Erculea heißt. Breit und gerade wie ein Schwert, vom Kastell bis zur Mura degli Angeli in seiner ganzen Länge von den gewaltigen braunen Bauten der Adelshäuser gesäumt, ist der Corso

Ercole I d'Este mit seinem weiten erhabenen Hintergrund von roten Ziegeln, grünen Pflanzen und Himmel, der einen wahrhaftig ins Unendliche zu führen scheint, so schön und von solcher Anziehungskraft auf die Fremden, daß sich die sozialistisch-kommunistische Stadtverwaltung, die seit nahezu fünfzehn Jahren im Amt ist, von der Notwendigkeit überzeugt hat, ihn keinesfalls anrühren zu lassen, sondern mit aller Entschiedenheit vor jeder Bau- und Grundstücksspekulation zu schützen, kurz: den ursprünglichen aristokratischen Charakter dieser Straße unversehrt zu bewahren.«

Selbst das alte Pflaster ist wiederhergestellt worden, die Autos sind in die Nebenstraßen verbannt. Die berühmte Straße, viel schmaler, als sie sich der Leser vielleicht vorgestellt haben mag, ruft, besonders gegen Abend, wenn es langsam still wird, oder an einem der vielen Nebeltage der Emilia, unvermeidlich den Eindruck jener »deserta bellezza di Ferrara« hervor, von der schon D'Annunzio wußte und die er als »melanconia divina« der Stadt besang.

Wir sind auf dem Weg zu den Gärten der Finzi-Contini. Tatsächlich finden wir, am oberen Ende des Corso Ercole I d'Este, dort wo die Adelspalais aufhören und die Straße von einer Pappelallee gesäumt wird, eine hohe alte Mauer aus Ziegelsteinen, gelegentlich von Portalen durchbrochen, die sich über eine Länge von gut 200 Metern hinzieht. Hinter ihr sind Parks und Villen mehr zu ahnen als zu sehen. Auf alten Stadtplänen Ferraras ist noch gegen Ende des vorigen Jahrhunderts hier ein ausgedehntes unbebautes Gelände ausgewiesen, früher als »Prati della Signora Principessa Pio« und »Orto di Belfiore« bezeichnet. Hier am ehesten wäre er anzusiedeln: »der endlose Park, der vor dem Krieg das Haus der Finzi-Contini umgab und sich über eine Fläche von ungefähr zehn Hektar erstreckte, auf der einen Seite bis zur Mura degli Angeli und auf der anderen Seite bis zur alten Zollschranke an der Porta San Benedetto, ein Park, der schon an und für sich etwas Seltenes und Besonderes war« – und der nun, nach dem Krieg, buchstäblich verschwunden war, nachdem die alten Bäume als Brennholz gedient hatten. Dennoch: Das Vorbild für Park und »magna domus« der Finzi-Contini mit der von Micòl so geliebten »Gruppe von sieben hohen, schlanken Washingtoniae graciles oder Wüstenpalmen«, den Eukalyptusbäumen, Platanen, Steineichen und Roßkastanien befindet sich, weit entfernt von Ferrara, wie Bassani bereitwillig zugesteht, in Ninfa, einem alten Städtchen südlich von Rom. Es ist der Park der Marguerite Caëtani di Bassiano, der Mäzenatin des Autors nach dem Krieg, in deren Villa er oft zu Gast war, der hier Pate stand.

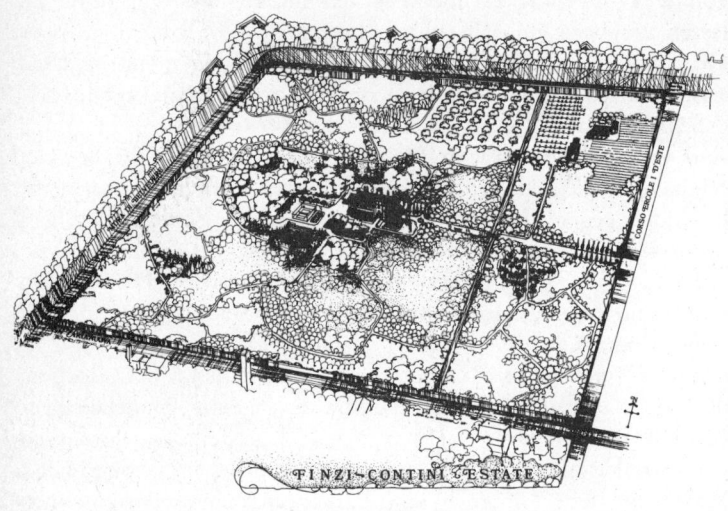

Wir sind damit am Ende unseres ersten Rundgangs durch das Ferrara des Giorgio Bassani. Der Weg, der uns vom jüdischen Friedhof zurück ins Ghetto und von dort durch das Zentrum der Stadt wieder hinaus an die Mura degli Angeli geführt hat, war eine Erkundung auf den Spuren von Ausgrenzung, Verfolgung und schließlich Vernichtung der jüdischen Bevölkerung der Stadt, ein Memento mori.

Ein anderer gegenläufiger Strang der Erinnerung, der sich durch das gesamte Geschehen des *Romanzo di Ferrara* hindurchzieht, gilt der Vergegenwärtigung des Bewußtwerdungsprozesses, den der jugendliche Ich-Erzähler durchmacht, bis er sich entschlossen der aktiven Untergrundtätigkeit gegen den Faschismus anschließt. Die Stationen dieses Weges lassen sich ebenfalls von seinem Ende her, als Reise von den Rändern der Stadt zurück ins Zentrum verfolgen.

Beginnen wir auf dem Platz vor der Certosa, dem christlichen Friedhof der Stadt, der an seinen Rändern fast die Mauern des »cimitero ebraico« berührt: »Um sich eine Vorstellung von dem Platz der Certosa zu machen, denke man sich eine weite, so gut wie leere Wiese, auf der hier und da verstreut die wenigen Grabmäler hervorragender nichtkatholischer Männer des vergangenen Jahrhunderts stehen (einige Freimaurer, ein israelitischer Freidenker, zwei oder drei Protestanten), mit anderen Worten: eine Art Exerzierplatz. Auf einer Seite erstreckt sich ein roter Säulengang aus dem Quattrocento, mit der unvollendeten Fassade der Kirche von San Cristoforo in der Mitte, in einem Bogen bis zur Stadtmauer, an schönen Tagen scheint die Sonne glühend auf die Arkaden. Auf der anderen Seite, nach Südwesten, stehen nur ärmliche Bauernhäuser, die kaum höher sind als die niedrigen Mauern, die die ausgedehnten Gemüsegärten voneinander trennen, deren es noch heute sehr viele in diesem Randgebiet der Stadt gibt…« Es ist der Schauplatz des Begräbnisses der Sozialistin und Widerstandskämpferin Clelia Trotti, der alten Lehrerin, die im Gefängnis von Codigoro gestorben war und nun hierhin, im Jahre 1946, mit einem Trauerzug, angeführt von einer Musikkapelle und einem Wald von roten Fahnen, überführt wurde, »so daß man sich in den Mai oder Juni des vorangegangenen Jahres, in die aufgewühlte Zeit der Befreiung zurückversetzt fühlte«. Die Begräbnisfeier, in Anwesenheit der Kampfgenossen Clelia Trottis, soweit sie überlebt hatten, bietet dem jungen Bruno Lattes, Mitstreiter und Gesprächspartner der treuen Sozialistin während der Zeit der antifaschistischen Untergrundtätigkeit, Gelegenheit, in seine Erinnerungen an diese Zeit einzutauchen. Bruno, Alter ego des Dichters, reflektiert hier unverkennbar die Erfahrungen Bassanis selbst, der als Kurier mehrere Jahre lang die Verbindungen zwischen vereinzelten Widerständlern unterschiedlichster politischer Herkunft knüpfte. Alda Costa, Sozialistin noch aus dem Umkreis Turatis, in Coppara bei Ferrara im Gefängnis umgekommen, ist das deutliche Vorbild für Clelia Trotti, mit der Bruno Lattes so viele Nachmittage auf den Stufen vor der Kirche von San Cristoforo gesessen hatte, weil hier, inmitten der Liebespaare und Kindermädchen, der beste Schutz vor Entdeckung durch faschistische Spitzel bestand, die das Haus beobachten, in das die Lehrerin verbannt war.

Die letzten Jahre der Clelia Trotti führen uns zurück in die Altstadt Ferraras, in das kleine, zweistöckige Haus in der Via Fondo Banchetto Nr. 36, Ecke Via Coperta, wo die aus der Verbannung Entlassene unter polizeilichem Hausarrest und der mißtrauischen Bewachung von Schwester und Schwager lebt. Es ist die Gegend bei der Kirche von Santa Maria in Vado, in deren Nähe auch der Schuster und ungebeugte Sozialist Cesare Rovigatti sein Geschäft betreibt. Der alte Flickschuster, dem Bruno Lattes noch aus den Tagen der Kindheit vertraut, hat ihm die Adresse der Lehrerin vermittelt. Er ist gleichsam das Bindeglied, das uns von der Piazza Santa Maria in Vado zu dem nur wenige Straßen entfernten Studio des Erzählers in der Via Madama führt, in dessen Arbeitszimmer die geheimen Zusammenkünfte mit Clelia Trotti stattfinden. Kaum verhüllt handelt es sich bei der Schilderung des Arbeitszimmers und der anderen Räume um das Elternhaus Bassanis, wenige Schritte entfernt, in der Via Cisterna del Follo Nr. 1. Das großzügige Haus ist umgeben von einer hohen Mauer, die einen atriumartigen Innenhof umschließt, in dessen Mitte noch immer die hochgewachsene Magnolie steht, gepflanzt von der Familie als Symbol des Widerstandes gegen die Erniedrigung, die die Rassengesetze von 1938 bedeuten. Der neidische Mitschüler Pulga hat das Haus in dem Schulroman *Hinter der Tür* beschrieben als »richtiges Stadtpalais... so groß wie vier oder fünf moderne Häuser zusammen, und dazu gehöre ein prachtvoller Garten. Die Familie bewohne allein den ganzen zweiten Stock mit rund zwanzig Zimmern, und er wolle nicht wissen, was es bloß koste, diese Zimmer den Winter über zu heizen...«

Von hier aus ist es nur zwei, drei Minuten bis zur eleganten Tennisanlage »Marfisa d'Este«, hinter der gleichnamigen berühmten Palazzina am Corso Giovecca gelegen, dem Vorbild für »die roten Hartplätze des Tennisclubs ›Eleonora d'Este‹, die der junge Ich-Erzähler und seine jüdischen Freunde 1938, nach dem Hinauswurf durch den Sekretär des Klubs, den Marchese Ippolito Barbicinti, mit »dem staubigen Kartoffelfeld« vertauschen müssen, als das ihnen der Tennisplatz im Park der Finzi-Contini erscheint: »so gut wie gar kein Out, zumal hinter den rückwärtigen Outlinien; weißer Boden, überdies schlecht drainiert, so daß er sich beim ersten Regenfall in einen Sumpf verwandeln würde, und keine immergrüne Hecke vor dem den Platz umgebenden Zaun«.

Spätestens hier ist es wohl Zeit, auf ein Fahrrad umzusteigen, am besten eines der Marke »Bianchi oder gar Wolsit, mit elektrischem Scheinwerfer, einer Satteltasche für Werkzeug und einer Pumpe, stell dir vor!«, das bevorzugte Verkehrsmittel aller Generationen, heute wie einst, in Ferrara. Denn jetzt liegt es nahe, den (Schul-)Weg über den Corso Giovecca zu nehmen, die breite Mittelachse der Stadt, von der auf der Höhe des Castello die Via Borgo Leoni abzweigt, auf deren rechter Seite, keine 200 Meter weiter (Nr. 60), das Gymnasium G. B. Guarini unmittelbar neben der Kirche del Gesú seine Pforten öffnet, Ort der Schulqualen und frühen traumatischen Ausgrenzungserfahrungen des jugendlichen Erzählers in der ersten Oberstufenklasse 1929–1930. Heute ist hier kein Gymnasium mehr zu finden. Das alte und renommierte Liceo Ludovico Ariosto, wo auch Bassani selbst seine Reifeprüfung abgelegt hat, mußte seine Räume dem »Tribunale di Ferrara«, den Gerichtsbehörden, überlassen. Die langen, düsteren Gänge lassen aber noch heute ahnen, wie es »hinter der Tür« zuging: »Die Schule als Gefängnis gesehen, mit dem Direktor als Gefängnisvorstand, den Professoren als Wärtern und den Mitschülern als Sträflingen – kurz, als eine Welt, in die man keineswegs, zu begeisterter Mitarbeit bereit, sich einzufügen suchte, sondern die man sabotierte und schlechtmachte, wo man nur konnte.« So jedenfalls die Sicht der »Faulpelze auf den hintersten Bänken«. Und wohl auch eine Vordeutung auf das Schulklima am Ende der dreißiger Jahre, als das Lehrerkollegium in seiner ersten Sitzung im Schuljahr 1938/39, laut Protokoll, mit einigem Stolz verkündet: »La scuola è purificata« – die Schule ist gereinigt, nämlich von den jüdischen Schülern und Lehrern.

Wieder führt damit der Weg zurück ins Ghetto, in die kleine Schule in der Via Vignatagliata, wo für die nächsten Jahre auch die Wirkungsstätte des Autors sein wird. Auf dem Gang dorthin treffen wir, nachdem wir den Corso Giovecca überquert haben und in die Via Bersaglieri del Po eingebogen sind, an der Ecke zur Via Gorgadello (heute: Via Guglielmo degli Adelardi) auf eine weitere suggestive Gestalt aus dem Arsenal der Ferrareser Gesellschaft der Zwischenkriegszeit, auf »Athos Fadigati, den Hals-, Nasen- und Ohrenarzt, der in der Via Gorgadello, ein paar Schritte von der

Piazza delle Erbe, wohnte und praktizierte und mit dem es ein so trauriges Ende nahm, ein tragisches Ende…« Tatsächlich findet sich im *Indicatore Ferrarese* von 1933, dem schon erwähnten Almanach, die Anzeige eines Dr. A. Mattozzi an der angegebenen Adresse: Hals-, Nasen- und Ohrenarzt und, wie sein literarischer Doppelgänger, Chefarzt in diesem Fach am Arcispedale S. Anna, Sprechstunden: jeden Nachmittag. Wie wir wissen, nahm damals der wohlhabende Bürger das kleinste Halsweh zum Anlaß, um »an den Winterabenden, wenn ein eisiger Wind vom Domplatz in die Via Gorgadello fuhr… durch die angelehnte Haustür an der Ecke der Via Bersagliere del Po zu treten, die zwei Treppenabsätze hochzusteigen und an der Glastür zu läuten«, um ein angenehmes Gespräch über den Maler De Pisis oder Wagners *Lohengrin* mit dem gutmütigen und kunstsinnigen Arzt zu führen. Jedenfalls so lange, bis dessen homosexuelle Neigungen ruchbar werden und der Skandal seiner Affäre mit einem jungen Mann ihn von der guten Gesellschaft isolierte. Ebenso wie den Erzähler, »den letzten Freund, der ihm geblieben war«, den die faschistischen Rassengesetze, die in den Tagen erlassen werden, als der arme Fadigati den Ausweg im Freitod sucht, ins Herz seiner bisherigen Existenz treffen. Fadigatis »Selbstmord aus ›Liebe‹« ist auch Thema der Gespräche zwischen dem Ich-Erzähler aus den *Gärten der Finzi-Contini* und seinem Freund Malnate auf den ausgedehnten, nächtlichen Spaziergängen, die bis an den Rand der Stadt, zum Montagnone, oder in die dunkle Zone der Bordelle und billigen Vergnügungslokale in der Via delle Volte, nahe der Porta Reno, führen, »Straßen ohne Bürgersteig und mit löchrigem Steinpflaster«, bis heute unverändert, einschließlich der entsprechenden Etablissements. Diese nächtlichen Spaziergänge verknüpfen noch einmal ausdrücklich die Namen der Gestalten miteinander, die für das alte Ferrara stehen und mit ihm untergehen: Clelia Trotti, Athos Fadigati, Giampiero Malnate und Micòl Finzi-Contini mit ihrer Familie. Sie bereiten den Abschied des Erzählers aus dieser verlorenen Welt vor, der im Ratschlag des Vaters seinen Ausdruck findet: »Es ist im Leben nun einmal so, daß, wer begreifen will, wer wirklich wissen will, wie es um diese Welt bestellt ist, mindestens einmal sterben muß. Und da dies das Gesetz ist, ist es besser, jung zu sterben, wenn man noch alle Zeit vor sich hat, sich wieder aufzurappeln und aufzuerstehen…«

Wir sind damit am Ende des Spaziergangs angelangt, der uns durch ein Ferrara geführt hat, das sich der poetischen Intuition ebensosehr verdankt wie der realen Gestalt der Stadt, das aber deshalb nicht weniger »wahr« ist als das lebendige, geschäftige Durcheinander rund um die massiven Mauern des alten Kastells heute. Alfred Andersch mag recht haben, wenn er schreibt, daß Kafkas Prag, Prousts Combray und Bassanis Ferrara in der Wirklichkeit nie gefunden werden können. Die Grabsteine und Gedenktafeln, die Gebäude und Gassen im alten Ghetto, die Gärten und Mauern, sie sind nur Zeichen für eine Welt, die längst untergegangen ist. Aber der Erinnerung, die notwendig ist, geben sie Dichte und Halt. So wie sie dem Erzähler Halt geben für »das wenige, woran sich das Herz zu erinnern vermochte«.

Auf der Rückfahrt von der etruskischen Gräberstadt Cerveteri bei Rom, entlang der verstopften Via Aurelia, sind es die steinernen Male der Vergangenheit, die zur Brücke werden, über die sich das Ich, Jahrzehnte nach den Ereignissen, zurücktastet in die eigene Geschichte: »Wir waren gezwungen, beinahe im Schritt zu fahren. Und da, inmitten der Ruhe und Schläfrigkeit, gingen meine Gedanken wieder einmal zurück zu den Jahren meiner Kindheit und Jugend, zurück nach Ferrara und zu dem jüdischen Friedhof am Ende der Via Montebello. Ich sah dort wieder die weiten Rasenflächen, auf denen hier und da ein Baum stand, die Grabsteine und Stelen, die nur am Rand der Ringmauer und der Scheidemauern dichter wurden, und, wie wenn ich sie unmittelbar vor Augen hätte, die monumentale Familiengruft der Finzi-Contini…«

Das Werk

Eberhard Schmidt
»Worüber sollten die Dichter denn sprechen, wenn nicht über ihre eigene Stadt...«

Ein Gespräch mit Giorgio Bassani (Rom 1989)

Wer Giorgio Bassani besuchen will, trifft ihn am ehesten in den Vormittagsstunden an, in seinem kleinen, vollgestopften Büro in Rom, im Hauptsitz von »Italia Nostra«, der Organisation, deren Ehrenpräsident er noch immer ist. Der Weg dorthin führt oberhalb der Spanischen Treppe auf den Pincio und durch den Park der Villa Borghese in ein stilles, vornehmes Viertel, Sitz von Botschaften und anderen seriösen Institutionen. Das rechte Ambiente für den 73jährigen Autor, der das Pfeiferauchen ebenso wie englische Anzüge bevorzugt und selbst den Eindruck eines liebenswürdigen, ein wenig pedantischen Diplomaten macht.

Giorgio Bassanis Tag beginnt früh im Morgengrauen mit dem Schreiben, wenn ihm danach ist. Dann werden handschriftlich große Bögen in Heften, die Kontenbüchern gleichen, gefüllt, bevor die Reinschrift mit ständigen Korrekturen in der Maschine erfolgt. Der Vormittag gehört der Bürotätigkeit: Briefe, Treffen, Gespräche... Am Nachmittag, hat er einem Gesprächspartner verraten, schreibe er nie. Er könne sonst nicht schlafen, brüte die halbe Nacht über Worten. Statt dessen ist der Nachmittag nicht selten dem Tennisspielen gewidmet, Bassanis Lieblingssport seit seiner Jugendzeit in Ferrara.

Als wir ihn besuchen, an einem Märztag 1989, ist er gerade wieder aus Ferrara zurückgekommen, dem Haus der inzwischen verstorbenen Eltern, in das er sich nur noch sporadisch zurückzieht, seit er 1943 die Stadt verlassen hat, um sich in Rom niederzulassen.

Herr Bassani, Sie haben einmal gesagt, es sei Ihr Ziel, poetische Intuition und Dokument einander so anzunähern, daß das eine die Färbung des anderen annimmt. Auch wenn sich die Namen, die Sie verwenden, und deren Schicksale keineswegs mit denen Ihrer Ro-

manfiguren decken, legen Sie doch großen Wert darauf, daß Namen und Orte in Ihren Erzählungen der äußeren Realität entnommen sind. Warum bestehen Sie auf dem dokumentarischen Anschein?

G. B.: Weil ich anders schreiben wollte als meine literarischen Vorgänger. Die Literatur, gegen die ich mich wandte, ist die Literatur der Hermetiker, die ihr Zentrum in Florenz hatten. Eine Literatur, in der man keine Zeit- und Ortsangaben machte, sich keinerlei Mühe gab, wahrheitsgetreu zu sein, wahr in einem absoluten Sinn. Daher stammt mein Bestreben, auf jeden Fall glaubwürdig zu sein. Meine Stadt Ferrara ist nicht irgendeine Stadt. Es ist wirklich mein Ferrara, deshalb nenne ich auch Namen und Orte; diese Angaben sind der Beweis für das moralische und auch politische Anliegen, den Geschichten, die ich erzähle, Glaubwürdigkeit zu verleihen. Die Finzi-Contini haben als Familie niemals existiert. Ich habe sie mir ausgedacht. Dennoch habe ich sie in einen historisch klar bestimmten Zusammenhang gestellt, ohne jegliche Erfindung, so als hätten sie wirklich gelebt. Ich wollte eben zugleich Dichter und Historiker sein.

Sie verließen Ferrara 1943. Viele Jahre später begannen Sie, über Ferrara zu schreiben. Wie hat sich Ihr Verhältnis zu Ferrara entwickelt?

G. B.: Meine Beziehung zu dieser Stadt ist dadurch erhalten geblieben, daß ich immer wieder nach Hause kam, sowohl wirklich als auch im Geiste, in der Erinnerung und in der Phantasie. Meine Anhänglichkeit an Ferrara hat sehr stark literarische Motive. Wie gesagt, ich wollte, im Gegensatz zu meinem Vorgänger, wahr sein, durch und durch glaubwürdig. Mit der Analyse und Rekonstruktion von Ferrara wollte ich gewissermaßen ein neues Bild der Literatur schaffen. Ich bin Ferrarese, aber kein lächerlicher Nostalgiker. Durch die Verkörperung von Ferrara, die Schilderung bis tief hinein in seine Einzelheiten, wollte ich der italienischen Literatur eine andere Gestalt geben, als sie vor mir vorhanden war. Jeder Teil des Romans über Ferrara dient dazu, die Stadt neu zusammenzusetzen, um sie dem Leser meines Buches als glaubhaftes Ganzes wiederzugeben.

Meine Beziehung zu den Bürgern? Gewiß, ich habe heute nicht mehr die Verbindung zu ihnen wie einst. Ich bin ein Fremder in der Stadt. Ich habe sie zwar aufgebaut, rekonstruiert, aber ich beschäftige mich nicht intensiv mit ihr, so wie sie heute ist. Ich fühle mich der Stadt verbunden, die meinen Werdegang von der Geburt über die Kindheit bis zum Mann gesehen hat. Und deshalb spreche ich darüber. Aber andererseits, worüber sollten die Dichter denn sprechen, wenn nicht über ihre eigene Stadt? Worüber hat denn Dante gesprochen – wenn ich einmal Großes mit Kleinem vergleichen darf –, weshalb hat Dante Alighieri soviel von Florenz gesprochen? Natürlich ist Florenz etwas anderes als Ferrara, aber ich wollte Ferrara irgendwie das Gewicht verleihen, das alle großen Dichter ihrem Ursprung, ihrer Vaterstadt verliehen haben. Leopardi hat sich mit Recanati beschäftigt, einem ganz unbedeutenden Nest, das aber für ihn von großer Bedeutung war. Worüber hat Verga gesprochen, wenn nicht über sein Sizilien? Und Svevo, wenn nicht über Triest? Ich habe allerdings mit meiner Erforschung Ferraras einen historischen Anspruch verbunden, den kein anderer vor mir verwirklicht hat. Ich bin zugleich ein Dichter wie die genannten, aber auch eine Art Wissenschaftler.

Als Sie aufwuchsen in Ferrara, begann die Zeit des Faschismus...

G. B.: Ja, ich bin in einer ganz faschistischen Umwelt aufgewachsen. Auch die Juden Ferraras waren Faschisten, weil sie wohlhabende Bürger waren und daher nicht daran dachten, daß der Faschismus rassistisch werden könnte. Zu Anfang hatte der Faschismus auch nichts gegen Juden. Die engsten Freunde von Italo Balbo, dem Stadtoberhaupt von Ferrara, einem aus dem Quadrumvirat der faschistischen Revolution, waren Juden. Selbst mein Vater war Faschist.

Sie selbst wandten sich schon früh gegen den Faschismus. Wie kam es dazu?

G. B.: Ich war kaum zwanzig Jahre alt, kurz und gut, so etwa 1936, 1937 fing ich damit an. Schon vor den Rassengesetzen war ich ein militanter, konspirativer Antifaschist, ein Verschwörer.

Waren Sie dabei alleine?

G. B.: Nein, keineswegs. Mit literarischen Freunden, die hauptsächlich aus der Scuola Normale in Pisa kamen: Dessì, Varese und andere; und vor allem, weil ich in Bologna einem bedeutenden Literaturwissenschaftler und Kunsthistoriker begegnete: Carlo Ludovico Ragghianti, der nach Bologna verbannt war und dort trotz seiner Verbannung konspirativ tätig war. Er mußte täglich zu einer bestimmten Zeit zu Hause sein. Trotzdem konspirierte er gegen den Faschismus. Aber abgesehen von alldem, hat mich meine Lektüre dazu gebracht. Vor allem hatte ich gerade zu jener Zeit Benedetto Croce entdeckt. Für mich eine grundlegende Lektüre. Auch hierin unterschied ich mich von meinen literarischen Vorgängern, denen Benedetto Croce in seinen Äußerungen mit großer Unduldsamkeit und Verachtung begegnete. Er war eben ein Philosoph des Liberalismus, der nichts zu tun haben wollte mit dem faschistischen Italien und mit der Literatur der faschistischen Epoche.

1943 wurden Sie in Ferrara verhaftet...

G. B.: Sie haben mich ins Gefängnis gesteckt, als sie entdeckten, daß ich ein aktiver Antifaschist war. Ich bin aus politischen Gründen eingesperrt worden, nicht weil ich Jude bin. Das war eine sehr harte Erfahrung. Darüber habe ich vor allem in einem Gedichtband geschrieben, der *Te lucis ante* heißt.

Lassen Sie uns noch einen Augenblick zurückschauen. Ihr erstes Buch trug den Titel »Eine Stadt in der Ebene«. Sie haben es auf eigene Kosten drucken lassen, 1940, unter dem Pseudonym Giacomo Marchi, dem Namen Ihrer Großmutter. Es wurde damals nicht von einem Verlag veröffentlicht.

G. B.: *Eine Stadt in der Ebene* ist für mich rein subjektiv ein wichtiges Buch. Es war mein erster Schreibversuch. Aber es ist wichtig, weil es in gewisser Weise all das erklärt, was ich später gemacht habe. Gewissermaßen stecken in diesem ersten Buch die Vorstellungen, die ich von Literatur hatte, und deshalb ist es wichtig, nicht in seinem Wert an sich, sondern weil wie bei anderen Schriftstellern alles aus diesem ersten Buch erwächst. Und die haben immer weiter-geschrieben und stets das gleiche Buch fortgesetzt. Ich habe ein ein-ziges Buch geschrieben, nur ein Buch, das in der Zeit zu entstehen begann, als ich zwanzig Jahre alt war.

Nach dem Krieg – Sie lebten seit 1943 in Rom – erschienen Ihre ersten Bücher, die beiden Gedichtbände: »Storie dei poveri amanti« (1945) und »Te lucis ante« (1947). Bevor Ihre ersten Erzählungen veröffentlicht wurden, haben Sie eine Zeitlang auch in Rom als Drehbuchautor gearbeitet.

G. B.: Aber nur des Handwerks wegen. Es gibt ja nichts, was einem nicht irgendwie weiterhilft. Für mich war es nützlich, Dreh-bücher zu machen, weil ich dabei etwas lernte. Ich habe sie ge-braucht, um vorwärtszukommen. Aber das hat keinerlei literari-schen Wert.

Von größerer Bedeutung war für Sie in dieser Zeit die Arbeit als Chefredakteur der literarischen Zeitschrift »Botteghe oscure«, die der amerikanisch-französischen Mäzenatin Marguerite Caëtani ge-hörte und in der Anfang der fünfziger Jahre auch die ersten der »Fer-rareser Geschichten« erschienen. Sie wurden damit einer breiten Öf-fentlichkeit bekannt.

G. B.: Nun, diese fünf Geschichten sind nach einzelnen Veröffent-lichungen in verschiedenen Zeitschriften dann alle zusammen von Einaudi herausgebracht worden und haben auch bei der Leserschaft Erfolg gehabt. Ein Beweis dafür ist der Premio Strega, den ich da-nach gewann. Das war ein wichtiges Ereignis für mich, weil der Preis mich – ich war bis dahin ein Literat, der durch das Raster der Kenner fiel – in einen, wenn Sie wollen, erfolgreichen Schriftsteller verwandelte.

Das war 1956. Dann folgten im Abstand weniger Jahre zwischen 1958 und 1968 die Erzählungen und Romane, die Sie berühmt ge-macht haben und die schließlich »Il romanzo di Ferrara«, den Ro-man von Ferrara, ausmachten. Aber, und das ist hierzulande viel weniger bekannt, Sie haben neben der literarischen Arbeit auch auf ganz andere Weise in die italienische Gesellschaft hineingewirkt, nämlich durch die Gründung von »Italia Nostra«, einer Organisation, die sich um den Schutz und Erhalt bedeutender Natur- und Kunstdenkmale in Italien kümmert. Sie waren für lange Zeit, von 1960 bis 1975, Präsident dieser Organisation. Können Sie beschreiben, wie es dazu kam und was Ihre Motive waren, eine solche Organisation zu gründen?

G.B.: Wir haben gemeinsam mit Hubert Howard und anderen Freunden »Italia Nostra« gegründet. Seit Ende der fünfziger, Anfang der sechziger Jahre war ich fünfzehn Jahre lang ihr aktiver Präsident. Danach wurde ich Ehrenpräsident. Wir fußen gewissermaßen auf dem, was früher war. Wir waren nie reine Anbeter der Schönheit. Wir waren erfüllt von der Schönheit, von Kunst und Natur. Wir wollen, daß Natur und Kunst ein Gesamtkunstwerk bilden, weil sie im tiefsten dasselbe sind. So unterscheiden wir uns zum Beispiel vom World Wildlife Fund. »Italia Nostra« ging in gewissem Sinne von mir selbst aus. Das erklärt, weshalb ich mich stets darum gekümmert habe. Es ist ein Abbild meiner selbst. Anfangs war die Organisation klein, weil sie nur eine Gruppe selbstzufriedener Intellektueller bildete, aber allmählich wurde sie zu einem richtigen, echten Verein mit einem Hauptsitz, wo wir uns heute befinden, und über ganz Italien verstreuten Ortsgruppen. Fast jede Stadt in Italien hat ein Büro, einen Ableger von »Italia Nostra«, wirklich fast jede italienische Stadt. Das ist sehr wichtig und entspricht in meinen Augen sehr gut der italienischen Realität. Italien ist zwar eine Nation, aber es besteht aus vielen Städten, und jede von ihnen bildet wieder eine Welt für sich. Wie mein Ferrara.

Herr Bassani, Sie sind Romancier, Lyriker, politischer Intellektueller, schließlich auch noch Literaturkritiker.

G.B.: Ja, auch Kritiker, das heißt als Autor des Buches *Di là dal cuore*, der Sammlung meiner Essays. Fast alle meine Aufsätze aus der Periode meiner Tätigkeit als Romancier und Dichter sind darin enthalten. Natürlich ist dies Buch für mich äußerst wichtig, weil es gewissermaßen über mich Auskunft gibt, über mich als Dichter und Schriftsteller. Jeder Essay bietet eine Gelegenheit, und sei es auch nur indirekt, über mich und mein Schicksal zu sprechen. Dies Buch ist in gewisser Hinsicht sehr nützlich, wenn man mich als Schriftsteller, Romancier und Dichter erfassen will. Es ist eine indirekte Form des Tagebuchs.

Giorgio Bassani
Einige Auskünfte über mein Werk

I

Ich glaube bestimmt, daß ich einer der wenigen, verschwindend wenigen Schriftsteller von heute bin, die in das, was sie schreiben – seien es Erzählungen oder Gedichte –, die entsprechenden Daten einsetzen. Meinen höchsten Ehrgeiz habe ich als Erzähler stets darin gesehen, plausibel und glaubwürdig zu wirken, kurz, dem Leser dafür zu bürgen, daß das Ferrara, von dem ich ihm erzähle, eine echte Stadt ist, die auch tatsächlich existiert hat. Gewiß, auch ich habe mir manche Freiheit erlaubt. Aber während ich der Reihe nach an den verschiedenen Büchern schrieb, aus denen sich der *Romanzo di Ferrara* (ich meine die Ausgabe von 1980, die ich für die endgültige halte) zusammensetzt, habe ich immer versucht, mich möglichst getreu an die objektive, historische Wahrheit zu halten. Die Gärten der Finzi-Contini z. B. befanden sich niemals am Ende des Corso Ercole I d'Este, der schönsten und berühmtesten Straße Ferraras. Jedoch lag auf der linken Straßenseite, knapp innerhalb der Stadtmauer, das von mir erwähnte freie Feld, der Raum, der sie hätte aufnehmen können... Richtig, ich habe mir auch einige Änderungen im Stadtbild gestattet. Ein paar Straßen und Plätze mußte ich erfinden. Trotzdem habe ich mich im großen und ganzen redlich bemüht, von dem Ferrara, über das ich schrieb, ein möglichst wahrheitsgetreues, konkretes Bild zu vermitteln.

2

Ich muß daran erinnern, daß es sich bei der zweitwichtigsten Figur in *Die Brille mit dem Goldrand* um eine Fiktion und nicht um den Autor handelt. Genauer gesagt, handelt es sich um einen jungen Mann, der dem, der ich vor vielen Jahren war, sehr ähnlich ist; dennoch ist er ein anderer als ich. Als Beweis dafür möge gelten, daß er nie mit Namen genannt wird, daß er nicht einmal einen hat. Der junge Mann ist also im wesentlichen nur ein Ausdruck meines Gefühls, ein Teil meiner selbst. Ich war seinerzeit fast so, aber nicht genau so.

3

Wenn die Dichter nicht immer oder fast immer von Dingen erzählen, die nahezu unerzählbar sind, dann sind sie keine Dichter. Ein Beispiel: die Geschichte der Heimkehr nach Ferrara des Geo Josz, des Protagonisten in *Eine Gedenktafel in der Via Mazzini*, hat einen sehr tiefen und ernsten gedanklichen Hintergrund. Geo Josz kehrt aus dem Totenreich in eine eigentlich ganz normale Stadt zurück. Aber auch die Dichter, falls sie wirklich welche sind, kommen immerzu aus dem Totenreich zurück. Sie sind drüben gewesen, um Dichter zu werden, um sich von der Welt zu lösen, sie wären aber keine Dichter, versuchten sie nicht von dort zurückzukommen, in unsere Mitte... Die Geschichte von Geo Josz hat sich wirklich ereignet. Ich habe sie einer erfundenen Person, eben einem Geo Josz, der nie existiert hat, zugeordnet. Ich hatte jedoch einen Vetter, der in Auschwitz war und von Auschwitz zurückkam. Er ist vor kurzem gestorben. Sein Name war Eugenio Ravenna, Gegio Ravenna. Ich glaube, die Sache mit der Gedenktafel* muß den Unglücklichen sehr mitgenommen und im Handeln bestimmt haben. Aber im übrigen wiederhole ich: Wenn man nicht Geschichten dieser Art schreibt, zu welchem Zweck schreibt man dann überhaupt?

* Auf der Tafel stand unter den anderen KZ-Toten auch sein eigener Name. Anm. d. Übers.

4

Meine Familie hat mir durchaus nicht geholfen, Schriftsteller zu werden. Wie wäre das möglich gewesen? Meine Angehörigen haben mir jedoch geholfen, meine Ausbildung zu durchlaufen: Volksschule, Gymnasium, Universität. Das war alles. Mag sein, daß mein Großvater mütterlicherseits, mein Vater und mein Onkel mütterlicherseits namens Giacomo, die alle drei Ärzte waren, es gern gesehen hätten, wenn auch ich Mediziner geworden wäre. Wie dem auch sei: Kaum hatte ich die Universität betreten, da belegte ich Literatur. Natürlich nicht aus dem Ehrgeiz heraus, Schriftsteller zu werden, sondern aus Passion, aus einem Gefühl geistiger Verwandtschaft. Während meiner Gymnasialzeit hatte ich viel gelesen, in den letzten Klassen mich auch ein bißchen an zeitgenössische italienische Literatur herangewagt. Vielleicht war dies ein bestimmender Faktor.

Meine ersten Reime schmiedete ich auf dem Gymnasium. Ich hatte einen Banknachbar, der Gedichte schrieb. Ihm dabei zuzusehen (in meiner Einfalt hatte ich geglaubt, daß Versemachen unzeitgemäß, Gedichte überholt und Dichter rückständig seien) reizte mich, ihn nachzuahmen. Man beginnt immer mit Nachahmung, damit, daß man in die »Lehre« geht. Meine erste Lehre, die ich absolvierte, war die bei meinem Banknachbarn im Gymnasium.

5

Es ist die vierte Erzählung mit dem Titel *Die letzten Jahre der Clelia Trotti*, die dort, auf der Piazza della Certosa, beginnt. Clelia Trotti, die Protagonistin der Erzählung, ist eine erfundene Figur. Trotzdem hat sie viel Ähnlichkeit mit einer alten, wegen ihrer sozialistischen Ideen verfolgten Lehrerin, die ich von 1936 bis 1943 häufig besuchte. Sie hieß Alda Costa. Da ich mit ihr nicht nur freundschaftlich, sondern auch durch gemeinsame politische Gesinnung verbunden war, schrieb ich diese Erzählung auch, um ihr ein Denkmal zu setzen. Ferner ist Bruno Lattes, der zweitwichtigste Handlungsträger, eine Figur, zu der, zumindest wieder teilweise, ich selbst Modell gestanden habe.

162

6

Den Ferrareser Dialekt verwende ich beim Schreiben so gut wie nie. Wenn es doch einmal sein muß, setze ich die Dialektausdrücke in Gänsefüßchen. Ich bediene mich ihrer meistens mit dem Ziel, die – gewöhnlich kleinkarierten – Meinungsäußerungen des Durchschnittsbürgers in dem räumlich und zeitlich entrückten Ferrara, mit dem ich mich befasse, wiederzugeben. In solchen Fällen schaue ich dann doch ein bißchen dem Volk aufs Maul. Weiter jedoch bin ich nicht gegangen und werde ich auch nicht gehen. Der Dialekt macht mir Spaß, erweckt meine Neugier, stimmt mich weich und sehnsuchtsvoll. Aber vom literarischen Standpunkt aus interessiert er mich nicht.

7

Ich habe den Eindruck, mich zu wiederholen. Keine Frage: Zwischen erzählender Literatur und Lyrik besteht ein Unterschied; Prosa ist Prosa, Verse sind Verse. Jedoch besteht zwischen den beiden ein noch tieferer Unterschied. Der Erzähler bekennt sich zu sich selbst durch seine Figuren, die nichts anderes sind als die Träger seiner Gefühle, während das Bekenntnis des Lyrikers direkt, unmittelbar, dicht an der Grenze zur Wahrheit angesiedelt ist. Dennoch ist auch die Lyrik kein absolutes Bekenntnis. Sie tendiert dorthin, zum Absoluten, aber zum Glück schafft sie es nicht. Schaffte sie es, so wäre sie nicht mehr Kunst, nicht mehr Dichtung.

8

Die Gefahr, die der Jugend von heute droht, ist, daß sie vergißt, was geschehen ist, woher wir alle kommen. Eine der Aufgaben meiner Kunst – wenn Kunst eine Aufgabe haben kann – sehe ich vor allem darin, solchen Schaden zu verhüten, das Andenken, die Erinnerung wachzuhalten. Wir gehen alle miteinander aus einer der entsetzlichsten Erfahrungen hervor, denen die Menschheit je begegnet ist. Denken Sie an die Vernichtungslager! Nie ist etwas Schrecklicheres und Ungeheuerlicheres verübt worden. Nun denn, die Dichter sind da, um zu gewährleisten, daß dies nicht in Vergessenheit gerät. Eine Menschheit, die Buchenwald, Auschwitz und Mauthausen vergäße – ich könnte mit ihr nichts anfangen. Ich schreibe, damit man sich erinnere.

Giorgio Bassani
Der verratene Garten

Ich möchte meine seltsame Geschichte von Anfang an erzählen, das heißt seit dem jetzt schon weit zurückliegenden Jahr 1963, in dem die »Dokumento Film« sich die Filmrechte für *Die Gärten der Finzi-Contini* sicherte. Es war Valerio Zurlini, der die Filmgesellschaft zum Ankauf drängte. Und kaum war das Geschäft unter Dach und Fach, beeilte sich die Gesellschaft, Zurlini selbst, der schon zum Regisseur ernannt worden war, mit der Vorbereitung des Drehbuches zu beauftragen.

Zurlini machte sich sofort an die Arbeit. Unter Mithilfe des Drehbuchautors Salvatore Laurani stellte er in kurzer Zeit ein erstes Drehbuch zusammen. Es wurde mir zu lesen gegeben. Doch was zum Teufel sollte ich davon denken? Statt sich ausschließlich an den Roman zu halten, hatten Zurlini und Laurani daneben ausgiebig aus all meinen anderen Büchern geschöpft, angefangen von *Fünf Ferrareser Geschichten* bis zu *Die Brille mit dem Goldrand*. Im Garten der Familie Finzi-Contini, rings um den Tennisplatz, trafen sich außer den Figuren des Romans auch Elia Corcos, Arzt und Hauptfigur von *Der Spaziergang vor dem Abendessen*, die alte sozialistische Lehrerin aus *Die letzten Jahre der Clelia Trotti*, Dr. Athos Fadigati, der distinguierte, homosexuelle Mediziner der Erzählung *Die Brille mit dem Goldrand* usw., ein Sammelsurium, das manchmal ans Komische grenzte.

Einem solchen Unterfangen, dem ich übrigens von Herzen gern die noble Gesinnung und die Lauterkeit der Absichten zu bescheinigen bereit war (nichts anderes war ja doch geplant, als in Anlehnung an meine Bücher eine Art Fresko der jüdischen Tragödie in toto – in Ferrara, in Italien, auf der ganzen Welt – zu entwerfen), begegnete ich mit unverhohlener Bestürztheit. Wie es ein glücklicher Zufall jedoch wollte, erübrigte es sich, viel Zeit mit Diskussionen zu vergeuden. Die Produktion selbst schien nicht überzeugt. Und so verzichtete man vorläufig darauf, mit der Verfilmung zu beginnen.

In den folgenden Jahren kamen Zurlini und die Dokumento mehr als einmal auf das Projekt zurück, wobei sie wohlgemerkt die erste Version Zurlini/Laurani nie ganz zurückzogen, dann aber doch allmählich neue Drehbuchautoren beriefen, um sie überarbeiten zu lassen. Ich kenne nicht alle ihre Namen. Ich weiß, daß irgendwann einmal Tullio Pinelli dabei mitwirkte; er hatte die Freundlichkeit, mich zu konsultieren. Später beschäftigte sich damit auch Franco Brusati, der sich ebenfalls ohne große Eigenleistung dem anschloß, was seine Vorgänger schon zuwege gebracht hatten. Bis um das Jahr 1966 Zurlini endgültig das Feld räumte, um sich anderen Plänen und Taten zuzuwenden.

So allein gelassen, verzichtete die Dokumento keineswegs auf die Idee, von meinem Roman einen Film zu drehen. Anfang 1970 wandten sich die Produzenten an Vittorio De Sica, der den Auftrag mit Freuden annahm. Sie nahmen auch mit mir Verbindung auf und fragten an, ob ich zu einer Mitarbeit bereit sei, freilich nicht etwa bei der Abfassung des eigentlichen Drehbuches, die »in Alleinverantwortung«, wie sie sagten, einem Autor ihres Vertrauens obliegen würde, sondern in einer späteren Phase, nämlich bei der Überarbeitung der Dialoge. Da auch ich an der Herstellung des Films interessiert war, fiel mir die Zusage nicht schwer. Und so sah ich zuversichtlich der Lektüre des neuen Drehbuches entgegen.

Als ich kurz darauf das – der Reihenfolge nach vierte – Drehbuch in Händen hielt, war meine Enttäuschung groß. Vittorio Bonicelli, der von der Dokumento auserkorene Fachmann, hatte, ich weiß nicht, ob auf Anraten der Produktionsfirma oder aus eigener Initiative, davon Abstand genommen, irgend etwas Neues zu versuchen. Statt noch einmal von vorn zu beginnen, hatte auch er sich auf die vorausgegangenen Drehbücher gestützt, mit dem Ziel, in seiner Version das Gute beizubehalten und das Schlechte auszumerzen. Mein Urteil über dieses Flickwerk konnte nur negativ ausfallen. In diesem Sinn äußerte ich mich unverzüglich sowohl der Dokumento als auch Bonicelli selbst gegenüber, der seinerseits, ehrlich und klug, wie er war, sofort einsah, daß das Drehbuch von Grund auf neu geschrieben werden mußte. Und so trat die Dokumento mit Vittorio De

Sicas Einverständnis an Bonicelli und mich einzeln und gemeinsam mit der Bitte heran, uns noch einmal auf den Weg zu machen, den vorher schon Zurlini, Laurano, Pinelli und Brusato so glücklos beschritten hatten. Einige Wochen später, als Vittorio Bonicelli und ich der Dokumento unsere Arbeit überreichten, einigten wir uns mit der Produktion auf folgende Punkte:

1. Unser Drehbuch würde nach einer »technischen« Überarbeitung durch einen nicht näher genannten (den wievielten?) Experten innerhalb weniger Tage an uns zurückgehen. Wir sollten ihm dann den letzten Schliff geben und alle eventuellen Mängel und Unklarheiten bereinigen.

2. Die Filmerzählung sollte in unregelmäßigen Zeitabständen durch die immer gleiche, beklemmende Darstellung in Schwarzweiß (Farbe der filmischen Wirklichkeit) von der Massenverhaftung der Ferrareser Juden nach dem 8. September 1943 unterbrochen werden, die der junge Giorgio, männlicher Hauptdarsteller des Films und zukünftiger Autor des Romans, aus einem Versteck heraus beobachten würde. Der erzählerische Kunstgriff der wiederkehrenden Schwarzweiß-Einblendungen war aus verschiedenen Gründen als unbedingt notwendig erachtet worden. Zum einen deshalb, weil er irgendwie die Struktur des Romans wiedergeben würde, der bekanntlich auf zwei verschiedenen Zeitebenen spielt, in der Gegenwart (das Buch beginnt mit einem Ausflug nach Cerveteri an einem Aprilsonntag des Jahres 1957) und in der Vergangenheit (eine Jahresfrist innerhalb 1938/39); vor allem aber, weil er den Film vor den sonst unvermeidlichen Gefahren einer platten und langweiligen Comicstrip-Technik bewahren würde.

Entgegen den Vereinbarungen wurde uns das Drehbuch fast um zwei Monate verspätet (ich erhielt es auf den Tag genau am 8. Juli) zurückgegeben, in einer so fortgeschrittenen Bearbeitungsphase, daß jeder weitere Änderungsvorschlag unmöglich oder rein platonisch war. Immerhin hatte die »technische« Überarbeitung durch den geheimnisvollen, der Dokumento nahestehenden Experten (wie ich nun erst erfuhr, war es der Drehbuchautor Ugo Pirro) die Version Bassani/Bonicelli radikal verändert.

Der Absicht, dem Film die beiden verschiedenen Zeitebenen des Romans zu erhalten, war in keiner Weise Rechnung getragen worden. Das neue Drehbuch, das von belehrenden, dem Geist des Buches gänzlich fernstehenden Tiraden vollgepfropft war, verlief jetzt konsequent auf nur einer Zeitebene, nämlich in der Vergangenheit. Wodurch, von allem anderen abgesehen, die Figur des Giorgio, des männlichen Protagonisten, eine Rolle von geringer, ja fast nichtssagender Bedeutung erhielt. In ihrer jetzigen Gestalt mutete seine Geschichte banal und sentimental an, auf jeden Fall so, daß nicht einzusehen war, aus welchem Grund ein langer Film daraus werden sollte.

Viele Szenen waren gestrichen (die Einblendungen von Giorgios Traum; der gemeinsame Besuch von Giorgio und Malnate im Bordell der Via delle Volte; die nächtlichen Spaziergänge von Giorgio und Malnate durch die mittelalterlichen Gassen der Stadt; praktisch auch der zu einem sinnlosen Fragment gekürzte Besuch von Micòl auf dem jüdischen Friedhof am Lido von Venedig); viele andere waren hinzugefügt (die in der Pension von Grenoble, um nur das erstbeste Beispiel zu nennen). Ich stehe nicht an, eine vollständige Liste der Streichungen und Zusätze zu machen. Was ohnehin mehr ins Gewicht fällt, ist, daß die Reihenfolge der Szenen gründlich durcheinandergeworfen war. Giorgios Reise nach Grenoble war zeitlich so verschoben, daß sie, abgesehen von den üblichen, hier besonders unangebrachten Tiraden, eine ganz andere Gewichtung und Bedeutung bekam.

Die Dialoge waren stark verändert: sentimentale, melodramatische und erläuternde Passagen, alle bunt zusammengewürfelt. Ein Blick auf Seite 68 des Pirro-Textes genügte: Endete im Drehbuch Bassani/Bonicelli, Seite 51, die Szene mit der Äußerung Albertos: »Nein, *ich* gehe nicht aus«, so ging im Pirro-Text der Dialog weiter: »Nein, ich gehe nicht aus... Wohin soll ich denn gehen?... Wenn man die Gesichter wählen könnte, denen man auf der Straße begegnet... dann meinetwegen... Ich jedoch habe mich jedesmal, wenn ich ausging, bespitzelt gefühlt... beneidet...« Malnate: »Hier dagegen kannst du dir die Gesichter auswählen... Willst du das damit sagen?« Alberto: »Nein... Das eigentlich nicht... Hier sind wir immer nur wenige... Ich fühle mich nie angegriffen... Ich weiß, woran du denkst... Du denkst, ich hätte keinen Lebensmut... Aber woher soll ich ihn nehmen?« Diese Erweiterung veränderte, von jeder anderen Überlegung abgesehen, gründlich den Charakter

Albertos, so wie er im Roman und im Drehbuch Bassani/Bonicelli dargestellt war, und verfälschte ihn zu dem eines redseligen Darstellers seiner eigenen Neurose.

Die historisch-dokumentarischen Belege, von denen der Pirro-Text wimmelte, erwiesen sich stets als langweilig und irreführend. Der Gag mit dem Avantgardisten *, der von Giorgios Fahrrad überfahren wird (Seite 143); oder der mit dem Hakenkreuzfähnchen am Fahrrad des kleinen Jungen auf der Durchreise (übrigens kein erfundener Filmgag; er kommt in einer neueren, De Sica wohlbekannten Erzählung von mir, *Eine Reise nach Abbazia*, vor); oder der andere mit dem Fliegeralarm, der schaurig während Albertos Beerdigung ertönt (Seite 309): jede dieser kleinen Begebenheiten hatte eine deutlich belehrende Funktion, gleich einem Augenzwinkern an die Adresse eines begriffsstutzigen Schülers, hier: des Publikums. Andere Belege stellten sich als bar jedes objektiven Wahrheitsgehalts heraus: In Italien wurden vor 1943, genauer gesagt, vor dem 8. September dieses Jahres, keine Judenrazzien durchgeführt. Die Verhaftung von Bruno Lattes in einem Kino (!), gleich nach der Schlacht in Tunesien (Pirro-Text Seite 315) wies sich durch keinerlei Glaubwürdigkeit aus. Sie bedeutete eine glatte Fälschung, die von jedem Gesichtspunkt aus zu verwerfen war.

Was mir persönlich aber am meisten mißfiel, war, daß man mit einigen meiner Figuren ganz nach Belieben verfuhr, so wie es sich nicht einmal beim Puppentheater mit seinen Holzköpfen ziemt. Wenn die Finzi-Contini auch Herrschaften waren, so waren sie doch keine Rothschilds, die mit einer vermögenden internationalen Verwandtschaft in Briefwechsel standen. Dieser Isaak und jene Rachel, die auf Seite 278 ff. des Pirro-Textes heraufbeschworen wurden, gaben von den Finzi-Contini ein verzerrtes, fehlerhaftes und letztlich sogar verleumderisches Bild. Bruno Lattes, der in *Die Gärten der Finzi-Contini*, aber auch noch in anderen meiner Erzählungen vorkommt (*Die letzten Jahre der Clelia Trotti, Eine Reise nach Abbazia, Das Mädchen aus der Schießbude*), endete nicht, wie der Pirro-Text es wollte, in einer Gaskammer in Deutschland, sondern konnte nach Amerika flüchten, von wo aus er im Jahre 1945 seine Geburtsstadt Ferrara besuchte. Der Gipfel wurde jedoch da-

* Mitglied der faschistischen Jugendorganisation, Anm. d. Übers.

mit erreicht, daß man Giorgios Vater in ein nazistisches Vernichtungslager schickte. Ich verstehe, daß es bequem war, ihn so aus dem Verkehr zu ziehen, durfte er doch zum Schluß Micòl (und dem Publikum) noch mitteilen, daß Giorgio, der spätere Autor von *Die Gärten der Finzi-Contini*, sich gerettet hatte. Doch dieser, der künftige Erfolgsautor, der künftige pathetische Erzähler seiner Jugendliebe zur blonden Micòl Finzi-Contini, wie stand er nun vor uns da? Sich selbst aus dem Staub zu machen und sich damit zu trösten, daß man seine Schriftstellertinte einmal mit Papas Asche mischen wird – ist das nicht ein Lump, der so handelt?

Auf den Begleitbrief der Dokumento, in dem ich gebeten wurde, meine Meinung über den Pirro-Text zu äußern und alle die mir angebracht erscheinenden Vorbehalte vorzubringen (der Film war, wie gesagt, so gut wie fertig, so daß jede wirksame Einflußnahme unmöglich war), antwortete ich nicht direkt. Ich beschränkte mich darauf, die Dokumento über den Rechtsanwalt Franco Reggiani zu ersuchen, meinen Namen von der Liste der Drehbuchautoren zu streichen. Der Pirro-Text hatte das Drehbuch Bassani/Bonicelli einschneidend verändert. Mehr noch: Der Plan, die Filmerzählung mit den sich wiederholenden Einblendungen über die Massenverhaftungen der Ferrareser Juden nach dem 8. September 1943 zu versehen, war offenbar eigenmächtig fallengelassen worden. Folglich wäre es nicht richtig gewesen, wenn ich gegen meine Überzeugung etwas unterschrieben hätte, an dem ich keinen Anteil hatte.

Auf diesen Brief des Rechtsanwaltes Reggiani stellte sich die Dokumento taub. Während der Film im Verlauf der folgenden Monate einschließlich Montage, Synchronisierung, Mischung etc. fertiggestellt wurde, ließ niemand von sich hören, der meinen Wunsch, nicht als einer der Drehbuchautoren in Erscheinung zu treten, erfüllt oder wenigstens zur Sprache gebracht hätte. Man beschränkte sich darauf, mir durch Mittelspersonen mündlich, in einem Fall auch schriftlich, zu empfehlen, ich möge doch abwarten. Erst solle ich mir den Film ansehen. Ich würde hochbefriedigt sein…

Den Film sah ich erst Ende des letzten Monats, in Gegenwart eines Richters. Und da inzwischen der Richter mir recht und der Dokumento nebst Vittorio De Sica unrecht gegeben hat, kann ich jetzt in aller Gemütsruhe zusammenfassen, was ich von einem Werk halte, mit dem laut Richterspruch mein Name nicht länger verbunden ist.

Daß dieses Werk irgendwie aus meinem Roman entstanden ist, kann nicht im Traum bestritten werden. Aber daß es inhaltlich und besonders im Geist meinen Roman verrät, kann man, glaube ich, ebensowenig bestreiten.

Micòl: Sie sei ein »rätselhaftes« Mädchen, sagt einmal einer der jungen Männer, die den Tennisplatz der Finzi-Contini bevölkern (ich glaube, es ist Carletto Sani). Aber das ist nur so dahergeredet. In der Filmwirklichkeit hat der Charakter von Micòl Finzi-Contini gar nichts Rätselhaftes an sich. Sie ist eine ziemlich durchschnittliche junge Dame, diese Micòl im Film von De Sica, die nicht viel mehr zu bieten hat, als daß sie sich in einem kleinen Wettlauf, einem recht albernen Kichern und einem langweiligen Wortstreit produziert; sie spielt auch nicht gut Tennis und weiß nicht einmal, wie man den Tennisschläger vor Regen schützt. Außerdem wirkt sie, offen gesagt, nicht sexy genug.

Alberto: Er ist überhaupt kein Charakter. Seine Beziehungen zur Schwester, zu seinem Freund Malnate, zu Giorgio, Beziehungen, die in ihrer Vieldeutigkeit und Vielschichtigkeit im Roman wohl einen Höhepunkt psychologischer Analyse erreichen, kommen gar nicht zur Geltung. Elegante Morgenröcke, schicke Pullover, piekfeine weiße Hosen, ferner nervöse Blässeanwandlungen, Schweißausbrüche, Verdacht auf schwule Veranlagung... und damit hat sich's dann.

Professor Ermanno: Im Buch ist er eine Art zweiter Vater für Giorgio, ein sonderbarer Vater: liebenswürdig, ironisch, heimlich beobachtend, auch er vieldeutig wie alle anderen Finzi-Contini, von Giorgio ebenso überschwenglich geliebt wie die ganze Familie, das zinnenbewehrte Haus, der zauberhafte Garten. Im Film hingegen ist Professor Ermanno nichts anderes als ein vornehmer alter Herr. Das ist alles. Der ihn verkörpernde Schauspieler ist ein Muster an Steifheit und Kühle.

Malnate: Ich behaupte nicht, daß das Drehbuch Bassani/Bonicelli den Nuancenreichtum dieser Romanfigur voll wiedergibt; Malnate, der ebensoviel Anziehungskraft auf Micòl wie auf Alberto ausübt und damit zum vielleicht wissenden Zwischenglied des untergründig-inzestuösen Verhältnisses zwischen Bruder und Schwester wird. Aber bemüht in diesem Sinn hat man sich zweifellos. Im Film dagegen hat er überhaupt kein Gewicht. Gewiß, er ist ein hübscher, sehr männlich aussehender Junge. Aber der ihn verkörpernde Schauspieler erscheint alles in allem viel mehr geeignet, in Cowboy- oder Seemannsrollen aufzutreten als in der eines jungen Antifaschisten aus dem Mailand der dreißiger Jahre, der, zwar groß und kräftig an Gestalt, im Grunde ein Schwächling und Muttersöhnchen ist und Heimweh nach Mailand und dem Haus seiner Eltern hat. Seine politischen Aussprüche, soweit im Film erhalten (nur wenige haben die Pirro-Bearbeitung und die nachfolgenden erheblichen, während der Herstellung, vielleicht auch noch während der Montage, vorgenommenen Schnitte und Umbildungen überlebt), wirft er hin mit der Wurstigkeit eines Schuljungen. Sie wirken auswendig gelernt, der Kopf ist nicht bei der Sache.

Giorgio: Wie schon beim Lesen des Pirro-Textes vorauszusehen, ist er im Film die vielleicht am meisten geopferte Figur. Nicht, daß der Schauspieler Capolicchio nicht sein Bestes gegeben hätte. Aber der Film, der nie recht weiß, ob er die Liebesgeschichte zwischen Giorgio und Micòl darstellen oder ein Zeitbild des mussolinischen Italiens kurz vor dem Zweiten Weltkrieg entwerfen oder die Judenverfolgungen unter dem Faschismus beschreiben soll, macht aus ihm eine farblose, nichtssagende Figur ohne jedes moralische Profil. Im Roman ist Giorgio nur scheinbar ein Junge wie alle anderen. Er hat dort das Aussehen eines Zwanzigjährigen, aber das Hirn und Herz eines Erwachsenen: des Schriftstellers, der sich fast fünfzigjährig, sein damals zwanzigjähriges Ich in Erinnerung ruft und es beurteilt. Der Kunstgriff der im Drehbuch Bassani/Bonicelli empfohlenen Einblendungen hätte vornehmlich dazu dienen sollen, der Rolle Giorgios etwas von der ausschlaggebenden Bedeutung zu belassen, die sie im Buch besitzt, ihn zum glaubwürdigsten Gegenspieler von Micòl zu machen. Im Roman symbolisiert Micòl das Leben, und folglich stirbt sie, wählt sie den Tod. Giorgio symbolisiert die Kunst; folglich lebt er, beschließt er, zu überleben und damit zu schreiben.

Giorgios Vater: Romolo Valli sah sich als Schauspieler gezwungen, aus ihm eine Art Karikatur zu machen, und es ist ihm erwartungsgemäß ausgezeichnet gelungen. Aber was hat die Filmfigur (ein robuster, lebenslustiger 45 jähriger) mit dem geschundenen, gepeinigten Vater von Giorgio zu tun, wie er uns auf den letzten Seiten des Romans gegenübertritt? Die Schlußszene des Films, die Giorgios Vater mit Micòl in einer Umarmung zeigt, wie sie seinem sich jetzt in Sicherheit befindenden Sohn Giorgio nie so recht geglückt war, könnte jemandem eine Träne entlocken, der nah am Wasser gebaut hat. Für mich und Leute mit Hirn kann sie sich nur entlarven als das, was sie ist: eine »ficelle«, eine billige Masche.

Zum Schluß ein Wort zur Vertonung: Wir befinden uns doch in Ferrara, zum Teufel, im Herzen der Emilia, und nicht in einem Land der Phantasie. Das hindert aber den Bediensteten der öffentlichen Bibliothek nicht daran, einen unbestimmt norditalienischen Dialekt zu sprechen, wie ihn sich nur römische Synchronsprecher einfallen lassen können, wenn sie ohne Anleitung sich selbst überlassen bleiben: einen Dialekt aus dem Reagenzglas, der sehr wenig mit dem Ferraresischen gemein hat. Ähnliches gilt für die jungen Männer, die den Tennisplatz der Finzi-Contini bevölkern.

Schlicht, im oberflächlichen Sinn ergreifend, populär, wie er nun einmal ist, möge dem Film von Vittorio De Sica der Erfolg beschieden sein, den er sich verdient hat. Ich wünsche es ihm von Herzen.

Was mich angeht, so erkläre ich mich mehr als befriedigt, daß es mir, wenn auch in letzter Minute, gelungen ist, mein gutes Recht auf Verweigerung der Mittäterschaft geltend zu machen. Wie, ist eine andere Frage. Im Vertrauen darauf, daß man den Film nach dem Drehbuch Bassani/Bonicelli drehen würde, hatte ich – natürlich aus Gefälligkeit und ohne finanzielle Gegenforderung – meine Einwilligung gegeben, daß Giorgios Haus in Ferrara das authentische Haus Nr. 1, Via Cisterna del Follo, sein solle, das schon meinem Großvater und meinem Vater gehörte und jetzt mir gehört: ein leicht erkennbares Haus, von dem jedermann in der Stadt weiß, wem es gehört. Nun, hätte ich mein Ferrareser Haus auch jetzt noch benutzen lassen sollen, um eine mich nichts mehr angehende Verantwortung mitzutragen, um den Anschein zu erwecken, als spekulierte ich mit dem Leben und Tod des von mir am meisten geliebten Menschen, meines Vaters? Nein, das waren zwei ungeheure Zumutungen, die man da an mich stellte. Hätte ich sie hingenommen, ohne Einspruch zu erheben, so wäre ich kein Schriftsteller, ja nicht einmal ein Mensch gewesen.

Ninfa rivisitata

La rara pianta orientale d'un bello e ricco
rosso focato all'agguato subito dietro la svolta
d'un sentiero là a Ninfa pari in tutto a una belva
non meno elegante che sanguinaria
ne ha fatta della strada durante gli ultimi
quindici anni dal minimo
cespo in vaso
che era!

È venuta su sviluppando al massimo il vello
paludandosene
come d'un mantello di gran classe
che lascia appena intravedere
sotto
le sdutte nere membra attorte i bui
lunghi muscoli pronti
al balzo

Saresti cresciuta anche tu così tale e quale
immobile in un canto di questo mio vecchio orto
italiano
senza mai stabilire rapporto alcuno col dialettale contesto
abnorme e stupenda
silente e
minacciosa
per l'esclusiva gioia paurosa ogni tanto del mio
sguardo
per la cauta carezza soltanto
della mia mano

Wiedersehen mit Ninfa

Die seltene exotische Pflanze mit ihrer schönen und reichen
feuerroten Farbe auf der Lauer gleich nach der Kehre
eines Pfades hier in Ninfa vergleichbar in allem einer Wildkatze
genauso elegant wie blutrünstig
sie hat einen langen Weg zurückgelegt in den letzten
fünfzehn Jahren von dem winzigen
Büschel im Topf
der sie war!

Sie wuchs heran und entwickelte aufs beste die Hülle mit der sie
sich schmückt
wie mit einem Mantel großer Klasse
der kaum durchscheinen läßt
unter sich
die schwarzen gewundenen Glieder die dunklen
langen Muskeln die bereit sind
zum Sprung

Genauso wärest auch du herangewachsen
unbeweglich in der Ecke dieses meines alten
italienischen Gartens
ohne jemals irgendeine Beziehung zum örtlichen Umfeld
aufzunehmen
abnorm und herrlich
schweigend und
drohend
für die gelegentliche ausschließliche und ängstliche Freude meines
Blickes
für die zaghafte Liebkosung nur
meiner Hand

Giulio Cattaneo
Eine Einführung in den »Roman von Ferrara«

Der *Romanzo di Ferrara* von Giorgio Bassani, wie wir ihn heute nach der letzten, peinlich genauen Korrektur und Drucklegung lesen können, entwickelte sich nicht vom Augenblick seiner Entstehung an nach einem einheitlichen Plan; das Werk entstand »aus langsamen Ansammlungen und allmählichen Schichtungen über dreißig Jahre hinweg« und bot sich dem Autor als »einziges großes Romanwerk wie aus früherer Zeit« erst dar, nachdem es bereits seine letzte Abrundung und Vollendung erfahren hatte. Die erste Ausgabe des *Romanzo di Ferrara* erschien im Jahr 1974, aber sie ist nur als »ein Entwurf, ein Projekt« im Verhältnis zur derzeitigen Formgebung zu verstehen, die sich nach dem herkömmlichen Vorbild des Epos auf sechs Bücher verteilt. Im Schlußkapitel des Bandes, das *Laggiù, in fondo al corridoio* (*Die Jahre der Ferrareser Geschichten*) betitelt ist, erklärt Bassani, daß jedes Gedicht, jede längere oder kürzere Erzählung, jeder Roman, sogar jeder Essay oder Gelegenheitsartikel von ihm »immer mehr oder weniger wie *Lida Mantovani*, nämlich unter Mühen und großenteils durch Zufall entstanden« seien. Es bedurfte also einer Rückbesinnung, einer Bewußtwerdung a posteriori, um das, was »großenteils durch Zufall« entstanden war, zu einem großen Ganzen zu vereinigen. Wie wir aber sehen werden, bestanden Voraussetzungen dafür, daß die *Ferrareser Geschichten* (späterer Titel: *Dentro le mura – Innerhalb der Stadtmauern*) organisch zum ersten Buch eines einzigen großen Erzählzyklus wurden. Es handelt sich um Erzählungen aufgrund persönlicher Erinnerungen und allgemein bekannter Denkwürdigkeiten, die bis zum Ausgang des 19. Jahrhunderts zurückgehen. Sie sind also nicht Erfindungen eines Erzählers, sondern authentische Zeugnisse eines Autors, der als Historiker und Kritiker in einer Person besondere Aufmerksamkeit den moralischen Hintergründen von Ereignissen zollt. In

Dentro le mura wird der Mikrokosmos Ferraras bereits in all seinen Aspekten sichtbar: Es gibt das Ferrara der jüdischen Gemeinde, aber auch das katholische Ferrara, das Ferrara der Bürger und das der Arbeiter, und dies vom Ende des vorigen Jahrhunderts bis zur Zeit nach dem Zweiten Weltkrieg. In der ersten Erzählung, *Lida Mantovani*, sind die Hauptfiguren zwei Frauen, Mutter und Tochter, beide von bäuerlicher Herkunft, dazu ein biederer katholischer Handwerker und ein junger Jude mit rebellischen Anwandlungen gegen seine Familie und deren bürgerliches Milieu. Hauptort der Handlung ist ein Kellerraum in der Via Salinguerra, einem noch innerhalb der Altstadt liegenden Sträßlein, nicht einmal fern vom mittelalterlichen Stadtkern, wo aber Stille herrscht und »Gerüche von Mist, gepflügter Erde und Stall« schon das offene Land erahnen lassen. *Der Spaziergang vor dem Abendessen* beginnt mit einem Bild des Corso Giovecca, »der Hauptverkehrsader der Stadt«, wie er auf einer fotografischen Postkarte des 19. Jahrhunderts aussah, und geht alsbald über auf eine Art Gutshaus, das zwischen Gärten steht und von einer in der Stadt heimisch gewordenen Bauernfamilie bewohnt wird. Erregt das Schicksal von Elia Corcos und Gemma Brondi die Neugier und Aufmerksamkeit von deren Verwandtschaft, so nimmt an der Rückkehr von Geo Josz aus einem nazistischen Vernichtungslager ganz Ferrara teil. Das antifaschistische Ferrara erscheint bei der Beerdigung der Titelfigur von *Die letzten Jahre der Clelia Trotti*, und die ganze Stadt wiederum ist betroffen von der Tragödie von *In einer Nacht des Jahres 1943*. Als Bassani seine Geschichten in den Zeitschriften *Botteghe oscure* und *Paragone* veröffentlichte, war es die Zeit des Neorealismus, und wenn diese Geschichten mit dem Neorealismus auch wenig gemein haben und in mancher Hinsicht eher verschiedene und entgegengesetzte Orientierungen und Lösungen anbieten, so machten sie sich offenbar dessen Objektivität zu eigen; das bedeutete den unbedingten Verzicht auf die Erzählweise in erster Person zu dem Zweck, wie der Autor hervorhob, sich selbst »hinter den teils pathetischen und teils ironischen Künsten von Satzbau und Rhetorik wie hinter einem Schutzwall verborgen zu halten«. Doch es handelte sich um eine trügerische, nur scheinbare Objektivität, denn es gibt in den Geschichten nicht eine Figur von Bedeutung, die nicht den Standpunkt des Erzählers wiedergäbe, oft mittelbar durch die Eindrücke und Urteile von Familienangehörigen oder einer Stadtgemeinschaft wie im Fall des Elia Corcos oder des Sciagura. In Bruno Lattes aus *Die letzten Jahre der Clelia Trotti* erkennen wir den Autor ohne jede Schwierigkeit; daß die Geschichte in der dritten Person erzählt wird, ist zweifellos nur ein Verfremdungseffekt. Wenn in *Der Spaziergang vor dem Abendessen* Ferrara eine den Protagonisten der Erzählung »keineswegs untergeordnete Figur« ist, nur daß die Stadt nicht im Proszenium, sondern »im und als Hintergrund« mitspielt, so wird in *Eine Gedenktafel in der Via Mazzini* »die Stadt ihrer Rolle als wichtige, jedoch noch etwas mythische, noch nicht ganz ergründete und erschlossene Nebenfigur enthoben« und teilt mit Geo Josz »das volle Rampenlicht«. In den beiden letzten Geschichten endlich treffen wir neben der alten sozialistischen Lehrerin Clelia Trotti und dem Apotheker Pino Barilari auf »das gewohnte Gewimmel des menschlichen Termitenbaues, die gewohnte Hydra mit den tausendundeins Gesichtern und ihrem kollektiven Gewissen oder – ihrer kollektiven Gewissenlosigkeit«. Hier beginnt, wenn auch noch ohne Gesamtplan, der *Romanzo di Ferrara*. Der Auftakt dazu erfolgt meines Erachtens schon auf der ersten Seite von *Der Spaziergang vor dem Abendessen* mit dem Bild des Corso Giovecca, das »anfänglich verschwommen und kaum erkennbar, dann mit äußerster Langsamkeit, fast mit Widerwillen in den Brennpunkt gerückt wird«; ein Bild, das »nicht ohne Anspruch auf repräsentative Glaubwürdigkeit das Aussehen des Corso Giovecca um die Jahrhundertwende einfängt«, wenn auch »weniger das Leben, das ihn im Augenblick der Filmbelichtung von einem Ende zum anderen durchpulste«.

»Im Vordergrund erscheint das Bild überladen mit Einzelheiten: Da ist der Friseurgehilfe, der in der offenen Ladentür steht und in den Zähnen stochert; da ein Hund, der vor dem Eingang zur Roßschlächterei den Bürgersteig beschnüffelt – wahrscheinlich hat er eingetrocknete Blutspuren gefunden; ein Schuljunge läuft über die Straßenkreuzung, und ein Herr in mittleren Jahren, im Gehrock und mit steifem Hut, schiebt mit erhobenem Arm den Vorhang vor dem Café Zampori zurück; ein prächtiges Viergespann, das des Herzogs Costabili vielleicht, der sich vor ein paar Monaten mit seiner Familie aus Rom in die Provinz zurückgezogen hat, nähert sich und schickt sich an, hinter dem Rücken des Fotografen in scharfem Trab die sogenannte Salita del Castello, die Auffahrt zum Kastell, zu nehmen; aber je weiter der Blick den Corso Giovecca verfolgt, desto mehr verlieren Menschen und Dinge, eingehüllt in eine Art leuchtenden Staubs, Umriß und Gestalt.«

Dieser Beginn von *Der Spaziergang vor dem Abendessen*, der, wie gesagt, mir immer wieder als echte Einleitung des *Romanzo di Ferrara* erscheint, ist ein Musterbeispiel für Bassanis Kunst: Sie drückt sich zunächst einmal in der Rückgewinnung der Vergangenheit aus, die nach dem Empfinden des Autors »gleichsam das Durchschreiten eines sich ständig verlängernden Ganges« ist, um »im fernen, sonnenbeschienenen Fluchtpunkt der schwarzen Seitenwände« das Leben wiederzufinden, »so leibhaftig und pochend, wie es einmal war«. Des weiteren drückt sie sich aus in der Langsamkeit des Erzählens und in der Genauigkeit jeder Einzelheit, die beweist, daß Exaktheit viel mehr wert ist als die berühmte erzählerische »Gabe«. Diese Langsamkeit kennzeichnet alle Erzählungen Bassanis, deren Handlung immer viel länger, dichter, breiter ist, als es der Zahl der Seiten entspricht. *Lida Mantovani*, 1937 entworfen und bis 1955 nicht weniger als fünfmal überarbeitet, ist die realistischste der *Ferrareser Geschichten*, mit drei Personen, die die Bühnenrampe besetzt halten und, autobiographisch zu verstehen, der Figur David im Hintergrund und in der obsessiven Erinnerung Lidas, mit der sich der einst Geliebte auseinandergelebt hat. Denn die Erzählung beginnt, als David sich schon aus dem Staub gemacht hat und sein Name nur noch in Lidas selbstquälerischem Fragen genannt wird.

»Wer war er, David? Was suchte er? Was wollte er? Weshalb? Auf diese Fragen gab es keine Antwort, würde es nie eine geben.« Wenn die Erzählung die realistischste aus *Dentro le mura* ist, so hat sie doch wie die anderen einen kraftvollen lyrischen Atem; ihr dichterischer Gehalt offenbart sich auf Schritt und Tritt, im Verhältnis von Oreste zu Lida und deren Sohn, in der Wiedergabe der Atmosphäre, in der Erinnerung an die eiskalten Winter, die an jene der Chronik von Salimbene* gemahnen, als das Potal zugefroren war und der Strom wie ein Feld von Menschen und Pferden überschritten werden konnte. *Lida Mantovani* spielt lange vor den tragischen Jahren, von denen auch in *Ein Spaziergang vor dem Abendessen* erst ein Wetterleuchten wahrzunehmen ist, und die öffentlichen Ereig-

* italienischer Geschichtsschreiber, 1221 bis nach 1288, Anm. d. Übers.

nisse erscheinen gebrochen durch das Bewußtsein eines katholischen Handwerkers, eines tapferen Veteranen des Ersten Weltkriegs, der sich über den Zwist zwischen Kirche und Staat grämen und über ihre Versöhnung freuen kann.

In den letzten drei Geschichten werden aus der Sicht der unmittelbaren Nachkriegszeit die grausamen Jahre erlebt und überwunden, und zwar in kritischer Rückbesinnung eines Überlebenden, der dem nunmehr zur Geschichte gewordenen Entsetzen der Verfolgungen und Gemetzel die moralische Schäbigkeit der schnell zur Tagesordnung Übergehenden und die ganze Trauer des Antifaschismus gegenüberstellt. Letzteres Thema wird besonders in *Die letzten Jahre der Clelia Trotti* behandelt, im Sinn einer doppelten, sowohl persönlichen wie auch historischen Niederlage, die die Erzählung erfüllt. Am Ende steht die Überzeugung, daß die ganze Tragödie umsonst gewesen ist, wie sie aus *Eine Gedenktafel der Via Mazzini*, aus der Beerdigungsszene der Clelia Trotti und dem Faschistenprozeß von *In einer Nacht des Jahres 1943* herauszulesen ist. Emilio Cecchi bemerkte zu *Der Spaziergang vor dem Abendessen* und zu *Eine Gedenktafel in der Via Mazzini*, daß Bassanis Schaffen von Anfang an kaum Vergeudung noch Unsicherheit kannte, da er ein klares und strenges Bewußtsein für jenen ganzen Komplex von Erfordernissen und Aufgaben moralischer und formaler Natur mitbrachte, die für jede künstlerische Gestaltung richtungweisend sind. »Darin ist Bassani beispielhaft. Denn er hätte innerhalb der Grenzen seines Temperaments möglicherweise besser oder schlechter schreiben können; fest steht jedoch, daß er weder ungenau schreibt noch je geschrieben hat, weder in Poesie noch Prosa.«

Beigetragen zu dieser Umsetzung in Kunst hat sein »Spielen mit geometrischen Figuren, vornehmlich mit Kugeln, Kegeln, Trichtern und konzentrischen Kreisen«: so die perspektivisch konvergierenden Linien in *Der Spaziergang vor dem Abendessen*, die beiden sich in entgegengesetzter Richtung drehenden Kugeln in *Eine Gedenktafel in der Via Mazzini* und der Kreis innerhalb des Kreises in der Erzählung *In einer Nacht des Jahres 1943*. Im Inneren dieser Gebilde geht eins ins andere über: brutale und grausame Szenen, distanziert moralische, doch nie moralisierende Urteile, schmerzliche Beobachtungen über das zerstörerische Wirken der Zeit, teilnehmende Gefühle für den einfachen Menschen und sein ereignisloses Leben, antikirchliche Regungen im Bann religiöser Einflüsse. Hinzu kommen das Wissen um die Jahreszeiten, die Faszination durch das Licht, das Staunen über Raumperspektiven und Denkmäler der festlichen Ferrareser Renaissance und eine Empfindsamkeit für Düfte, die einem »Odoristen« des 17. Jahrhunderts Ehre gemacht hätte.

»Es war ein Geruch nach ›den Früchten der Erde‹, der gleiche herbe Geruch, ein Gemisch aus den aromatischen Düften, die Südfrüchte, Heu und Korn verbreiten, den sie aufsteigen spürte, wenn sie in den erbaulichen Büchern blätterte, die er aus dem Haus im Vicolo Torcicoda mitgebracht hatte, um sie ›gegebenenfalls‹ an die Tischgenossen des Passah-Mahls zu verteilen – aus diesen vergilbten Seiten, halb in Hebräisch, halb in Italienisch, mit Stichen, die die Sieben Plagen Ägyptens, Moses vor Pharao, den Durchgang durch das Rote Meer, das Fallen von Manna vom Himmel, Moses auf dem Berg Sinai, wie der Herr mit ihm redet, den Tanz um das Goldene Kalb und so fort darstellen bis zu der Erscheinung des Gelobten Landes vor Josua. Im Gegensatz zu Elia, dessen professioneller Gehrock nie nach etwas anderem roch als nach Sublimat und Karbolsäure, ging von den Kleidern Salomon Corcos' und überhaupt von dem ganzen Menschen dieser leise, zarte, dünne und doch so anheimelnde religiöse Hauch aus.«

Mir fällt – ich sage dies ohne literaturkritischen Anspruch, weil Bassani nichts von D'Annunzio an sich hat – jener Passus aus der Vorrede zu *Vita di Cola di Rienzo* ein, in dem D'Annunzio »vorkostend« an den alten Büchern schnuppert, die ihm ein Mittelsmann aus Florenz verschafft hat: »ein kleines Werk, auf jenes schöne kräftige Papier gedruckt, das bei Berührung knistert, ein Giunti-Druck, den sein Juchtenledereinband nicht vor den Motten bewahrt hat, oder einer jener Texte auf dunkelblauem Papier mit dem Dante-Zeichen und dem Gütesiegel der Accademia della Crusca darauf, […] und der Duft des glücklichen Trecento verbreitete sich zwischen den Regalen.«

Wenn *Dentro le mura*, wie Geno Pampaloni bemerkt hat, »die erhabene und weihevolle Geschichte der Besiegten« schildert, ist *Die Brille mit dem Goldrand* »die absurde, schmerzliche, verzweifelte Geschichte der Verfolgten«, wenn auch der in seinem Kämmerchen eingesperrte Pino Barilari aus *In einer Nacht des Jahres 1943* in gewisser Weise auch schon der Schar der letzteren anzugehören scheint, nur daß er im Gegensatz zu ihnen kein wirklicher Verfolgter ist. Eine auffallende Neuheit in *Die Brille mit dem Goldrand* im Verhältnis zu den vorausgehenden fünf Geschichten ist die, daß nach drei Kapiteln bewußt das erzählende Ich eingeführt wird und als zweiter Protagonist dem Dr. Fadigati zur Seite tritt. Dies alles kam nicht von ungefähr. Während Bassani an *Die Brille mit dem Goldrand*, »einem eigenständigen Roman« statt nur einer Erzählung, arbeitete, wurde ihm klar, daß an dem Punkt, den er erreicht hatte, Ferrara ihm »nichts wesentlich Neues« zu bieten hatte. »Wenn ich wollte, daß es wieder zu mir redete, mußte es mir gelingen, auch den Menschen einzubeziehen, der nach seinem Weggang in vielen Jahren so viel Mühe darauf verwandte, innerhalb der heimischen roten Mauern die Bühne für seine Literatur zu errichten, mich selbst, mit anderen Worten.« Und abschließend: »Ich mußte nunmehr auf der Bühne meines kleinen Provinztheaters für mich selbst einen Standort bestimmen, nicht in den Seitenkulissen, sondern in der Mitte.« »Von jetzt an also Scheinwerfer auch auf mich, auf den Schreibenden wie den Nichtschreibenden, auf alles von mir!« Gehörte in *Lida Mantovani* die autobiographische Figur namens David der Vergangenheit an, ohne an der Entwicklung der Geschichte unmittelbaren Anteil zu nehmen, tarnte sich der Autor in *Die letzten Jahre der Clelia Trotti* noch unter dem Namen Bruno Lattes, so wagte er vom vierten Kapitel von *Die Brille mit dem Goldrand* an endlich, »ich« zu sagen. Der Übergang vollzog sich nicht unbewußt, wie auch aus einem Interview Anfang der sechziger Jahre, das heißt lang vor der Vollendung des *Romanzo di Ferrara*, hervorgeht.

Die Brille mit dem Goldrand ist eines der schönsten Werke Bassanis und der italienischen Literatur des 20. Jahrhunderts. Die ersten drei Kapitel enthalten eine höchst gescheite Charakterisierung des Dr. Athos Fadigati, der von Venedig nach Ferrara übergesiedelt war, »eine sehr gutgehende Privatpraxis besaß und außerdem Chef der Hals-, Nasen-, Ohren-Abteilung des neuen Hauptkrankenhauses war.« Dr. Fadigati wird anfänglich mit den Augen seiner neugierigen Patienten und der Stadthonoratioren gesehen: zunächst Sympathie, Hochachtung, lobende Worte über das behagliche Wartezimmer der Praxis in der Via Gorgadello, dann fragendes Stirnrunzeln über rätselhafte Züge seines Privatlebens, sein abendliches Kommen und Gehen, seine häufigen Kinobesuche auf den hintersten Parkettplätzen und endlich das Bekanntwerden seiner Homosexualität, die zunächst wegen seines »untadeligen Benehmens innerhalb bestimmter Grenzen der Schicklichkeit« mit Nachsicht aufgenommen wird. Vom vierten Kapitel an tritt Dr. Fadigati unmittelbar in das Leben des erzählenden Ich ein, indem er sich auf seinen Reisen von Ferrara nach Bologna mehr und mehr einer Gruppe von Studenten zugesellt, bis der Erzähler allmählich selbst zu einem Hauptträger der Handlung wird und zwischen den beiden, dem vom Skandal gebeutelten Homosexuellen und dem von den Rassegesetzen betroffenen Juden, ein Gefühl peinlicher Solidarität entsteht, sind sie doch einer wie der andere verfemt und aus einer Gesellschaft der Gesunden, Normalen und arisch Geborenen ausgestoßen. Der Autor erreicht als Historiker und Richter in einem ein Höchstmaß an Wirkung, weil er bei der Untersuchung der wahren moralischen Gründe und der Widersinnigkeiten des Lebens, wie gewohnt, jede moralinsaure Aufdringlichkeit vermeidet. Die Predigten der Signora Lavezzoli, die Kompromisse des Nino Bottecchiari und sogar der heisere Schrei des Cento, eines fast schwachsinnigen Zeitungsverkäufers, müssen im selben Licht gesehen werden. Hervorragend gelungen sind die Seiten über die Praxis von Doktor Fadigati, über das Sichumhertreiben des Arztes am Abend und seine Aufenthalte in Kinos, über die Unterhaltungen in der Eisenbahn mit Ausblicken auf die Landschaft unter sorgfältiger, an sich schon poetisch wirkender Aufzählung der Ortschaften, über die Sommerfrische in Riccione bis hin zu den Zusammenkünften und Telefongesprächen der beiden Protagonisten, nachdem der Ich-Erzähler nicht mehr nur Zeuge, sondern Figur in einem Drama ist. *Die Brille mit dem Goldrand* ist ein vollendeter Roman, dank der Verzahnung der Ereignisse, der markanten Figuren, angefangen von der Signora Lavezzoli bis zum fahrlässigen und grausamen Deliliers, der geglückten Milieuschilderung, der großartigen Einfühlungsgabe, die die ganze Geschichte trägt. Hervorzuheben sind auch die sich um die geringsten Nebensächlichkeiten rankende Lyrik und der wache Sinn für dramatische Dichte, wie die Reaktion des Arztes auf das beleidigende Verhalten der Studenten, die »fast alle ihm den Respekt zu verweigern« beginnen. »Und schließlich, sprachen die runden Augen Dr. Fadigatis wirklich nur von Entsetzen, oder stand in ihnen, wie sie so wach hinter den Brillengläsern leuchteten, nicht vielmehr eine bittere Genugtuung, eine kindliche, unerklärliche, verblendete Freude?« Oder wie die Szene, als er, vom Geliebten öffentlich beschimpft und geschmäht, alles, was dieser beim Sichdavonmachen ihm gestohlen hat, aufzählt und zum Schluß »einen seltsamen, wie exaltierten Schrei« ausstößt. »Als hätte die Aufzählung aller von Deliliers ihm gestohlenen Gegenstände zur Folge gehabt, daß sie seine Qual in ein stärkeres Gefühl von Stolz und Befriedigung verwandelte.« Oder wie, unter den vielen Episoden, der Schluß des dritten Kapitels (nachdem die sogenannte Anormalität von Dr. Fadigati, dem tüchtigen Arzt aus Leidenschaft und feinen Kenner von Musik, Kunst und Literatur, bekanntgeworden ist): »Um drei oder vier Uhr nachts sickerte fast immer noch ein wenig Licht durch die Jalousien der Wohnung Fadigatis. In die Stille der Gasse – nur unterbrochen von den seltsamen Seufzern der Uhus, die in schwindelnder Höhe auf dem kaum sichtbaren Gesims des Doms nisteten – drangen verwehte Takte einer göttlichen Musik – von Bach, Mozart, Beethoven oder Wagner, ja, Wagner vor allem, vielleicht weil die Musik Wagners wie keine andere geeignet war, gewisse Stimmungen zu beschwören. Die Vorstellung, daß zu eben dieser Stunde der Schutzmann Manservigi oder der Amtsdiener Trapolini oder der einstige Fußballspieler Baùsi Gast des Arztes sei, konnte den letzten Nachtschwärmer, der gerade durch die Via Gorgadello kam, vollkommen unbekümmert lassen.«

Wir kommen jetzt auf *Die Gärten der Finzi-Contini* zu sprechen, Bassanis bekanntesten und erfolgreichsten Roman. In einem wunderschönen »Prolog« wird erzählt, wie der Autor nach langer Überlegung plötzlich »auf einem der üblichen Wochenendausflüge« den Impuls verspürte, diese Geschichte zu schreiben. Die etruskische Nekropole von Cerveteri läßt ihn an die italienischen Provinzfriedhöfe mit ihren Gittertoren, »das obligate Ziel eines jeden Abendspaziergangs«, denken, und er sinnt nach über die späten Etrusker, die auch dann ihre Totenstadt noch besuchten, als Etrurien nicht mehr die italische Halbinsel beherrschte und »eine neue Kultur, roher und weniger aristokratisch«, das Feld behauptete.

»Doch was sagte das schon?

Hatte man die Schwelle des Friedhofs überschritten, wo jeder von ihnen sein zweites Haus besaß, in dem er schon das Lager bereitet hatte, auf dem er bald neben den Vätern ruhen würde, konnte die Ewigkeit nicht länger eine Illusion bleiben, ein Märchen, ein Versprechen der Priester. Die Zukunft mochte, soviel sie wollte, die Welt auf den Kopf stellen; aber dort, in dem engen Bezirk, der den toten Angehörigen geweiht war – dort, inmitten der Gräber, in die man zusammen mit dem Toten alles hinabtrug, was das Leben schön und lebenswert machte –, in diesem geschützten, abgeschirmten Winkel der Welt, wenigstens dort (und ihr Denken und Wähnen schwebte noch immer, nach 25 Jahrhunderten, um die konisch geformten Grabhügel, bedeckt von Gras und Kraut), wenigsten dort würde sich nie etwas ändern.«

Auf dem Nachhauseweg schweiften die Gedanken zur Jugend zurück und zu dem jüdischen Friedhof von Ferrara mit der monumentalen Gruft der Finzi-Contini, wo nur einer der dem Autor bekannten Familienmitglieder seine letzte Ruhe gefunden hatte, ehe die Deutschen einfielen und die Deportationen nach Deutschland anliefen. Eben mit der Beschreibung dieses imposanten Grabmals, einer »Art von Tempel, halb antik und halb orientalisch, wie man sie in den Inszenierungen von *Aida* und *Nabucco*« sah, beginnt der eigentliche Roman, der alsbald das Thema der »Abgeschiedenheit« stellt, mit der die Finzi-Contini »ihre Toten umgeben hatten« und die auch ihr Haus am Ende des Corso Ercole I d'Este samt seinem großen Park umhegte. Steht doch im Mittelpunkt dieses Werkes das Motiv der Absonderung, die eine der grauenhaftesten Tragödien der Geschichte einleitete und die im besonderen Fall der Finzi-Contini bereits in Form eines freiwilligen, von Snobismus angehauchten Rückzugs aus der Welt und sogar der israelitischen Gemeinde bestand.

Der Roman bricht unmittelbar vor der Katastrophe ab, und die zukünftige Wirklichkeit, die noch viel schrecklicher ist als vorhergesehen, übergießt das Werk mit ihrem gespenstischen Reflex. Eine der hervorstechendsten Eigenarten von *Die Gärten der Finzi-Contini* ist die mit einer Mischung aus Zärtlichkeit und kritischem Abstand unternommene Erkundung der jüdischen Gesellschaft, einer Welt, die von innen heraus von einem Mann gesehen wird, der vorurteilslos auch das katholische Ferrara kennt und sich vor allem als

Sohn der neuen Zeit fühlt, in der die Ghettoschranken gefallen sind. Man kann sagen, daß die Bildung, die sich Bassani in seinen Entwicklungsjahren zwischen den geistvollen Vorlesungen von Professor Longhi und den Freundschaftsbünden mit Dichtern und Literaten aneignete, zur Charakterisierung des kleinen Universums beiträgt, das mit pietätvoller Leidenschaft rekonstruiert und voller Poesie auch in seinen vergangenen und versunkenen Aspekten geschildert wird. Diese Leidenschaft, die freilich von einem lebhaften und modernen kritischen Geist kontrolliert wird, manifestiert sich zunächst in der genauen Beschreibung von Gegenständen, wie der eines Opalglases, einer altersschwachen Kutsche, eines vorsintflutlichen Lifts, eines Hausinneren und hier besonders des fast mythischen, abgelegenen, Geborgenheit bietenden Speisesaals. Dieselbe Art, auch die Personen, zumindest die für die Phantasie des Autors verführerischsten, mit den Augen des Erzählenden zu betrachten, trifft besonders auf Micòl zu, deren Charakterbild bis zum Schluß von der obsessiven und verfälschenden Leidenschaft des Erzählenden geprägt wird. Micòl bleibt daher in vieler Hinsicht unerklärlich, und die Wahrheit, einmal schon in greifbare Nähe gerückt, verflüchtigt sich von neuem und weicht den Hirngespinsten der Eifersucht. Der Zauber der Romanfigur Micòl liegt in ihrer ganzen Flüchtigkeit und Unerfaßbarkeit sowie in der Fähigkeit des Autors, mit höchster Intensität ihre Gefühlsgeladenheit zum Ausdruck zu bringen. In dieser Unnahbarkeit Micòls allen Fragen gegenüber ist vielleicht auch das Motiv der Abgeschiedenheit versinnbildlicht, das die Familie Finzi-Contini als eine Welt für sich darstellt. Dem erzählenden Ich und dem Leser gelingt es nicht, etwas Bestimmtes zu erfahren, etwas, das über ein Wechselspiel von Anziehung und Abstoßung hinausginge; große Bedeutung haben die Blicke, das lächelnde Sichzublinzeln, das sich ständig wiederholt, seit Micòl als kleines Mädchen in der österlich geschmückten Synagoge »unter dem väterlichen Talith, dem Gebetsmantel, hervor« nach dem Freund späht. Nicht daß in diesem Roman die Fähigkeit fehlte, das zu Erzählende zu objektivieren; das bezeugen die anderen Figuren, die alle, angefangen bei Professor Ermanno Finzi-Contini, viel weniger verschlüsselt dargestellt werden. Und wenn an Micòl einige der poetischsten Stellen des Buches geknüpft sind, so gibt es doch auch andere, höchst lyrische, wo sie fehlt, wo dafür aber das Thema Abwesenheit in seiner ganzen Suggestionskraft ausgespielt wird.

»Aber was mir bereits an jenem Abend den stärksten Eindruck machte, war der Speisesaal selbst mit seinen Jugendstilmöbeln aus einem rötlichen Holz, seinem gewaltigen Kamin mit der gekrümmten, gewundenen Öffnung, fast wie ein menschlicher Mund, mit den ledergepolsterten Wänden – bis auf die eine, ganz aus Glas, die auf den dunklen Park ging, in Nacht und Sturm, wie das Bullauge des ›Nautilus‹ –, dieser Saal, der, so intim und geborgen, beinahe hätte ich gesagt: so in die Erde gesenkt, ganz meinem damaligen Wesen entgegenkam, vor allem – jetzt begreife ich es! –, weil er wie gemacht schien, diese träge Glut zu hüten, aus der, symbolisch gesprochen, so oft das Herz der Jugend besteht.«

Soweit das Bild, für das der darauffolgende Hinweis auf Micòls leeren Stuhl gleichsam den letzten Pinselstrich bedeutet.

Doch nach dem großen Gemälde von *Die Gärten der Finzi-Contini* jetzt zu einer kleineren Welt, der Welt zwischen Schulbänken in *Hinter der Tür*, dem vierten Buch des *Romanzo di Ferrara*, das, wenn auch thematisch ganz verschieden, eine gewisse Analogie im Bildhaften zu *Die Brille mit dem Goldrand* besitzt. Es geht um einen Verrat, eine verratene Freundschaft, und das beherrschende Motiv der Erzählung ist von den ersten Zeilen an das des Unbehagens.

»Ich bin in meinem Leben oft unglücklich gewesen, als kleines Kind, als Knabe, als Heranwachsender und schließlich als Erwachsener, und meine Verzweiflung hat oft den äußersten Punkt erreicht. Aber ich kann mich an keine Zeit erinnern, die schwärzer für mich gewesen wäre als die Monate vom Oktober 1929 bis zum Juni 1930, während ich die erste Klasse des Liceo, der Oberstufe des Gymnasiums besuchte. All die Jahre danach haben daran im Grunde nichts ändern können. Sie konnten mir einen Schmerz nicht nehmen, der wie eine verborgene Wunde blieb, weiterblutend im geheimen. Heilung? Befreiung? Ich weiß nun, daß sie nicht möglich sind.«

Ein durchgefallener Schulfreund ist von Ferrara nach Padua verzogen, um dort die fünfte Gymnasialklasse zu wiederholen, und die Freundschaft löst sich infolge Entfernung und mangelnden gegenseitigen Verstehens auf. In der daraus entstehenden Leere hat der Protagonist für nichts mehr etwas übrig, weder für die Schule selbst

noch für die »auf Abstand bedachten und ironischen« Lehrer, noch
für die Kameraden. Dann bahnt sich eine neue Freundschaft mit
reichlich unliebsamen Zügen an – der neue Freund erweckt von
Anfang an ein unbestimmtes Gefühl des Ekels. »In physischer
Beziehung war das erste Gefühl leichten Widerwillens geblieben;
die Gewohnheit des täglichen Zusammenseins hatte daran nichts
geändert.« Aber die »vollkommene Unterwerfung« des anderen als
Unterlegener und Schützling geben dem Protagonisten »ein Gefühl
der Genugtuung, das etwas Berauschendes hat«. So bestimmt eine
»Mischung aus Freude und Ärgernis« ihren Umgang miteinander.
Später entwickelt sich daraus eine klebrig-unerquickliche Beziehung, mit der sich der Protagonist in seiner unbestrittenen Überle-
genheit schließlich abfindet. Auch nachdem der Verrat aufgekom-
men ist, bringt er es nicht fertig, reinen Tisch zu machen, und der
andere wird nie wissen, daß der Freund hinter einer Tür zuhörte,
während er selbst ihn vor einer Gruppe von Klassenkameraden in
den Schmutz gezogen hat. »Schwer von Begriff, von Geburt an
dazu bestimmt, mich heimlich grollend abzuschließen, konnte ich
nicht einmal daran denken, die Tür, hinter der ich mich jetzt oder
ein andermal verbarg, aufzureißen.« *Hinter der Tür* ist eines der
geschlossensten Werke Bassanis wegen seiner thematischen Einheit-
lichkeit und einer Erzähltechnik, die in enger Verzahnung ein Kapitel an das andere reiht.

Im Vergleich zu *Die Gärten der Finzi-Contini* und anderen Romanen und Erzählungen läßt *Der Reiher* das unmittelbar Betörende
vermissen. An die Stelle einer hochangesehenen und unnahbaren
Familie, an die Stelle junger Herren und geheimnisvoll faszinieren-
der Mädchen, an die Stelle kunst- und literaturliebender Persönlichkeiten tritt ein Protagonist von mittelmäßiger Geistigkeit und
Lebensführung, der nur mit bestenfalls einfachen, sonst aber rohen,
gewöhnlichen und beschränkten Menschen verkehrt. *Der Reiher* ist
die Geschichte eines Tages, realistisch geschildert, in einem meta-
phorischen Kreis angeordnet. »Ja, noch einmal war es ihm, als
schiebe sich zwischen ihn und die Dinge, die er sah, eine dünne,
transparente Glasscheibe. Die Dinge waren alle dort – und er stand
hier und betrachtete sie voller Verwunderung.«

Mit diesen Worten beginnt das Abenteuer des Edgardo Limentani, das mit der Offenbarung vor der großen Schaufensterscheibe

eines Tierpräparators endet. Im Mittelpunkt des Romans steht die wunderschöne Episode mit dem Reiher. Der Hergang wird entsprechend dem gleichmäßigen Voranschreiten einer schwerfällig-beschaulichen Denkweise so langsam und getreulich erzählt, daß auch scheinbar bedeutungslose Einzelheiten hervortreten.

»Wie ein Landvermesser, der seine Instrumente nicht zur Verfügung hat, versuchte er, mit dem bloßen Auge Entfernungen und Proportionen zu schätzen. Wie groß war in gerader Linie die Entfernung zwischen der Piazza und dem Hafen, fragte er sich – aber er fragte es nur so, ohne den ernsthaften Versuch, eine Antwort zu finden. Und wie weit war es von der Gruppe von Schornsteinen, dort rechts, bis zum alten halbzerstörten braunen Wachtturm des Gallo, der so winzig in dem kahlen Gelände der Montina stand, daß er kaum besser zu erkennen war als die Bauerngehöfte, die in weiten Zwischenräumen über seinen Besitz verstreut lagen?«

Oder:

»Er gähnte. Wieviel Personen konnten wohl in der Kirche sitzen? Er begann, die Bänke zu zählen. Beginnend mit der ersten Reihe und immer weiter zählend, eine nach der anderen, kam er bis vierzig. Jede Bankreihe bot bequem etwa zwanzig Personen Platz. Zweimal vier macht acht. Also achthundert Sitzplätze.«

Von diesen beiläufigen Berechnungen gelangt Edgardo zu der Offenbarung vor dem Schaufenster des Tierpräparators, zu der intuitiven Erkenntnis eines Rollentausches zwischen Leben und Tod, wobei der Tod zu einem Leben wird, das »keine Gefahr mehr läuft sich zu verschleißen« und die Vollkommenheit »endgültiger und unvergänglicher Schönheit« erreicht. Diese Art von physischer Vollkommenheit wird später von dem Gedanken bekräftigt, daß nur die Toten, wenn sie »zum reinen Skelett« geworden sind, wirklich existieren. »Rein, hart und sehr schön, waren sie dann wie kostbare Steine und edle Metalle geworden. Unwandelbar und somit ewig.« Eine diesseitige Vorstellung vom Tod, die die Seele nicht gelten läßt, aber, wie überall bei Bassani, von religiöser Ehrfurcht und metaphysischem Atem durchdrungen ist. Über die Erzählstrecke spannt sich der Bogen eines langen Tages, dessen Wendepunkt in den drei Kapiteln liegt, wo der Reiher zweimal erscheint und über dem Moor abgeschossen wird. Es wird zwar nicht in der ersten Person erzählt, doch der Erzähler denkt sich in den Protagonisten dermaßen hinein, daß er unablässig jeden seiner Schritte verfolgt, jeden noch so kleinen Gedankengang nachvollzieht, in einer noch nie so innig gewesenen Anteilnahme. Der Autor ist zweifellos von Edgardo Limentani sehr verschieden, doch er löscht sich am Ende völlig aus, um wie ein unerbittlicher Detektiv sich mit dem anderen zu identifizieren, alle seine Bewegungen zu rekonstruieren, ja sogar seine Träume zu belauschen.

Zu Beginn von *Die letzten Jahre der Clelia Trotti* ist vom Städtischen Friedhof an der Piazza Certosa die Rede: »ein weiter architektonischer Komplex«, der »immer wieder einen heiteren, fast festlichen Eindruck vermittelt«, eine Stätte des »Trostes« in der »heiteren Lieblichkeit« der »offenen Wiese«, seit jeher »ein Treffpunkt für Verliebte«, wo ein Leichenzug »die Atmosphäre einer Massenveranstaltung von beinahe sportlichem Charakter« haben kann. Die erste, *Der Geruch von Heu* betitelte Erzählung aus *Weitere Nachrichten von Bruno Lattes* (enthalten im sechsten Buch des *Romanzo di Ferrara*) stellt nun den israelitischen Friedhof mit seiner »weiten grasbewachsenen Fläche« vor: Das in den Sommermonaten »mit wilder Üppigkeit« gewachsene Gras hatte die Gemeinde zum Mähen »einem landwirtschaftlichen Betrieb aus der Provinz« übertragen. »Am Nachmittag um fünf hörten die Männer auf zu mähen. Bis oben hin mit Heu beladen verließen die Wagen mit ihrer schwankenden Last, von einem Ochsenpaar gezogen, nacheinander den Friedhof. Sie fuhren durch die Via delle Vigne…« Wie schon auf der christlichen Piazza Certosa »es wirklich wenig gibt, das an den Tod gemahnt«, so wirkt sich auf dem israelitischen Friedhof »ein kräftiger Geruch von Heu belebend auf den von der Hitze erschöpften Trauerzug« hinter dem Leichenwagen aus. »Sofort trat eine allgemeine, fast fröhliche Bewegung ein.« Hauptfigur der Erzählung ist Bruno Lattes, schon bekannt aus *Die letzten Jahre der Clelia Trotti*. Der Geruch von Heu, von dem auf dieser Seite berichtet wird und der auch dem sechsten Buch insgesamt den Titel gegeben hat, spielt symbolisch auf das dichte Nebeneinander von Leben und Tod an, das im ganzen Werk von Bassani so im Vordergrund steht. Es kehren die charakteristischsten und suggestivsten Themen der vorangehenden erzählerischen Erfahrung wieder, wie das Motiv der Entfremdung, das sich hier bei Bruno Lattes wiederfindet, der äußerlich so verschieden ist von seinem Vater und »dessen Verwandten und Anverwandten«, frei von all dem »Labilen, Erregbaren und Krankhaften«, diesen »typisch jüdischen Eigenschaften« all der anderen. Doch gibt es in *Der Geruch von Heu* nicht nur Wiederholungen und Abwandlungen; zum Verhältnis des einzelnen zur alten, abgeschiedenen Gemeinde gesellen sich die neuen Gegensätze zur modernen Wirklichkeit, die »das kommende Zeitalter, das gottlose, reinliche, funktionale, aseptische, das wir nicht mehr erleben werden und das unvergessen sein wird«, vorwegnimmt.

Das Buch beginnt mit zwei Fabeln, von denen die erste, so kurz sie ist, durch einen klugen, gekonnten Aufbau besticht: auf zwei Seiten das Bild eines konventionell bürgerlichen Trios, auf weiteren zwei Seiten das eines zweiten, diesmal byzantinisch-geheimnisvollen Terzetts und zum Schluß, auf gleichem Raum, die wenigen entscheidenden Augenblicke einer trügerischen Idylle, der Diaspora und des Krieges. Die *Weiteren Nachrichten über Bruno Lattes* veranschaulichen eine Reihe poetischer Gedankenverbindungen, vorweg die erste, wo der Geruch von Heu eine Rolle spielt: die Beerdigung von Brunos Onkel Celio und die längst vergangene von Großvater Benedetto, die Mückenschwärme auf der Friedhofswiese und die Jagdflugzeuge am »milchfarbenen Abendhimmel« vom Fenster der Wohnstube aus, wo Großvater Benedetto allein sein Abendbrot verzehrte. Aber auch in der Erzählung *Das Mädchen aus der Schießbude* wird eine Verbindung erkennbar: Die Trennung von Adriana und das plötzliche Verschwinden des Mädchens aus der Schießbude lehren den jungen Mann zum erstenmal, was das Wort »Leid« bedeutet. Die *Weiteren Nachrichten* schließen mit *Eine Reise nach Abbazia*, wo der endgültige und eigentlich schon posthume Abschied des Protagonisten von Adriana Trentini gleichsam durch den roten Hakenkreuzwimpel am Fahrrad ihres Bruders signalisiert wird, Zeichen des Ausschlusses aus einer Welt, in die eindringen zu können Bruno Lattes trotz seiner Verschiedenheit und seines Widerstrebens sich einen Augenblick lang Illusionen gemacht hatte. *Ravenna* ist ein Reigen von Erinnerungen unter dem Stichwort eines Städtenamens, beginnend bei einer Flugvorführung von Fliegern aus dem Ersten Weltkrieg, »fast alle braun und mit einem Schnurrbart wie Baracca und Ruffo di Calabria«, bis zur Hochzeitsreise im Sommer 1943. Auch hier ein Beispiel, wie es dem Autor auf wenigen

Seiten gelingt, luftig-leicht und doch auch romanhaft getragen eine Folge von Bildern und Geschichten samt allen dazugehörigen Zeichen einer sich wandelnden Zeit aufzureihen.

In *Drei Apologien* ist der Protagonist, wie schon in *Ravenna*, der Autor selbst. Die Erzählung spielt in Neapel nach der Befreiung, setzt sich aus allen möglichen Bestandteilen zusammen und könnte zum Keim neuer Entwicklungen werden. Bassanis Erzählstoffe sind immer nach strengen Kriterien ausgesiebt worden, aber selten wirkten sie so schwerelos wie in einigen seiner letzten Erzählungen, und hier besonders in dem Geflecht von Resonanzen und Reminiszenzen dieser von Heugeruch erfüllten Seiten.

Man hat unterschiedliche Ansichten über die wiederholten Umarbeitungen vorgebracht, die Bassani an seinen Werken vorgenommen hat. Es ging ihm, nachdem er zur Überzeugung gelangt war, »ein einziges großes Romanwerk wie aus früherer Zeit« geschaffen zu haben, darum, es durch neue, oft nur sehr lockere Verknüpfungen, durch Querverbindungen zwischen Namen und Ereignissen von einem Buch zum anderen noch organischer werden zu lassen. Er mußte eine stilistische Einheit zwischen den frühen *Ferrareser Geschichten* und den Romanen und Erzählungen der literarischen Vollreife herstellen, obwohl auch *Die Gärten der Finzi-Contini* und besonders *Hinter der Tür* einer rigorosen Überarbeitung unterzogen wurden. Bassani, der immer wieder bekannte, die berühmte »Gabe« nicht zu besitzen und nur unter Schwierigkeiten zu schreiben, hatte es bei Überprüfung und Überarbeitung hauptsächlich auf größere Prägnanz abgesehen. Man vergleiche die letzte Fassung des Beginns von *Der Spaziergang vor dem Abendessen* mit dem entsprechenden Passus der Ausgabe von 1956, und man wird sehen, wie sich alles unter Verzicht auf jede überflüssige Plauderfloskel von »man wird bemerken« bis »wie schon gesagt« nur noch auf das Bild konzentriert. Auch die Inversionen, die Plazierung der Details dienen stets einer logischeren Verknüpfung der Bilder, während die interpretatorischen Abwandlungen auf größere Vertiefung und Veranschaulichung hinzielen. Man lese den Schluß von *Hinter der Tür* in der ersten Ausgabe: »Schwerfällig im Begreifen, unfähig zu einer einzigen Geste, einem einzigen Wort, der Sklave meiner Feigheit und meines Grolls, blieb ich wie immer der kleine, ohnmächtige Theatermörder. Und weder jetzt noch später würde ich jemals die

Kraft und den Mut in mir finden, um die Tür, hinter der ich mich wieder einmal verbarg, aufzureißen.«

Und jetzt die endgültige Fassung: »Schwer von Begriff, von Geburt an dazu bestimmt, mich heimlich grollend abzuschließen, konnte ich nicht einmal daran denken, die Tür, hinter der ich mich jetzt oder ein andermal verbarg, aufzureißen.«

Der neue Text ist knapper, wirkungsvoller. Mit der Herausnahme von »der kleine, ohnmächtige Theatermörder« und mit Hilfe der geglückten Variante »von Geburt an dazu bestimmt, mich heimlich grollend abzuschließen«, gewinnt der ganze Passus einen strengen und betonten Rhythmus.

In der letzten Ausgabe des *Romanzo di Ferrara* hat Bassani aus *Der Geruch von Heu* einige Titel sowie alle jedem Buch und jeder Erzählung (wie bei den *Ferrareser Geschichten*) vorangestellten Schriftstellerzitate gestrichen. Ich erinnere mich vor allem an ein herrliches Pascal-Zitat für *Dentro le mura*. Geblieben sind die Worte aus Manzonis *Die Verlobten* als Vorspann für *Die Gärten der Finzi-Contini*: »Gewiß, wer auf das Herz hört, dem hat es immer etwas von den Dingen zu sagen, die geschehen werden. Aber was weiß denn das Herz? Kaum ein wenig von dem, was schon geschehen ist.« Mit vollem Recht steht dieser Gedanke von Manzoni nunmehr vor dem gesamten *Romanzo di Ferrara*, der »von dem, was schon geschehen ist«, ein so erhabenes, so poetisches und, um ein Wort in seiner altertümlichen Bedeutung zu gebrauchen, so »herzliches« Zeugnis ablegt.

Anhang

Nachwort

Der Dichter und seine Stadt: ein Thema, das in der modernen Literatur vielfältig variiert worden ist. Giorgio Bassani hat es um ein Kapitel bereichert, in dem weder in nostalgischer Erinnerung geschwelgt wird noch die elegische Beschwörung verlorener Heimat anzutreffen ist. Mit unnachgiebiger Treue zum historischen Detail rekonstruiert er vielmehr am Beispiel seiner Stadt Ferrara den moralischen Niedergang des städtischen Bürgertums in der Epoche zwischen den großen Kriegen. Frei von simplem Dokumentarismus, gelingt es ihm, ohne je das poetische Kontinuum, das er sich geschaffen hat, zu verlassen, den Opfern ein Denkmal von ergreifender Intensität zu setzen. Bar jeder Sentimentalität wird auch der eigene, schmerzhafte Prozeß der Ablösung von dieser Welt seiner Jugend und ersten Mannesjahre geschildert, eher mit dem erstaunten Blick dessen, der kaum begreifen kann, was geschieht, und es dennoch unbestechlich registriert.

Dieser Anspruch auf »Wahrhaftigkeit« verleiht den Romanen und Erzählungen Bassanis ihren unnachahmlichen Reiz und ermöglicht zugleich das Miterleben der einzigartigen Geschehnisse, das Mitgefühl aus der Distanz eines halben Jahrhunderts.

Wer heute Ferrara besucht, kann auf den Spuren der Romanfiguren nicht nur die Topograpie des *Romanzo di Ferrara* entdecken, die Straßen und Gebäude, zwischen denen sie sich bewegt haben, die Gedenktafeln und anderen Zeichen, die ihr Wirken hinterließ, er kann auch auf Menschen treffen, für die die damaligen Geschehnisse keine abgeschlossene Vergangenheit sind, sondern in die Gegenwart hineinreichen.

Mein Dank gilt denen, die mir behilflich waren bei der Suche nach einem Zugang zu dieser Welt »dentro le mura«, allen voran Paolo Ravenna, Schüler und Freund von Bassani, Präsident der örtlichen

Sektion von »Italia Nostra«, seit vielen Jahren beschäftigt mit Projekten zur Restaurierung der Stadtmauern, des jüdischen Friedhofs und des Ghettoensembles.

In großzügigster Weise überließ mir der Fotograf Enrico Baglioni, in dessen Bildern der melancholische Reiz Ferraras immer wieder neu ersteht, die Auswahl unter seinen Arbeiten.

Heidemarie Stücker, die selbst über Bassani gearbeitet hat, stellte mir uneigennützig ihr gesammeltes Material zur Verfügung. Die freundliche Hilfe des Personals der Biblioteca Ariostea konnte ich ebenso in Anspruch nehmen wie die der Segretaria der israelitischen Gemeinde.

Der Dank gilt aber auch den vielen anderen, die mir die Aufenthalte in Ferrara durch ihre freimütigen Antworten auf meine Fragen und durch wertvolle Hinweise und Hilfen erleichterten.

Eberhard Schmidt

1916	Geboren am 4.3. in Bologna als Sohn des Arztes Enrico Bassani und seiner Frau Dora, geb. Minerbi, aufgewachsen in der jüdischen Oberschicht Ferraras mit den beiden jüngeren Geschwistern Paola und Jenny.
1934	Nach sehr guten schulischen Leistungen Reifeprüfung am Liceo Ludovico Ariosto in Ferrara. Beginn des Studiums der Literaturwissenschaft an der Facoltà di Lettere in Bologna. Seine Lehrer sind u. a. Roberto Longhi und Carlo Calcaterra.
1935	Bekanntschaft mit den jungen sardischen Dichtern Giuseppe Dessì, Claudio Varese etc., die einen antifaschistischen Einfluß auf ihn ausüben.
1937	Gedichte, erste Fassung der späteren Erzählung *Lida Mantovani*. Kontakt mit den antifaschistischen Kreisen um Carlo Ludovico Ragghianti und Beginn der antifaschistischen Kuriertätigkeit.
1939	Laureat an der Universität Bologna bei Calcaterra mit einer Arbeit über Niccolò Tommaseo (Literat und Patriot des Risorgimento), als berufliche Tätigkeit bleibt nur der Unterricht in der israelitischen Schule im Ghetto von Ferrara.
1940	Selbstfinanziert erscheint unter dem Pseudonym Giacomo Marchi das Buch *Una città di pianura*, Arte Grafica Lucini, Mailand.
1943	Im Mai Verhaftung mit anderen Antifaschisten in Ferrara. Gefängnisbriefe an die Familie. 26. 7. Entlassung aus dem Gefängnis nach dem Sturz Mussolinis, Anfang August Heirat mit Valeria Sinigallia, mit der er zwei

Kinder hat: Enrico und Paola. Die Familie lebt für kurze Zeit unter falscher Identität in ärmlichen Verhältnissen in Florenz. Nachdem die Eltern und die Schwester sicher untergebracht sind, Umzug nach Rom.

1944 Leben in Rom, illegal und unter großen Entbehrungen, Arbeit für die Resistenza, Tagebuchnotizen: *Roma, Inverno '44*.

1945 Nach der Befreiung Italiens von den Deutschen erscheint der Gedichtband *Storie dei poveri amanti e altri versi* (²1946) bei Astrolabio, Rom.

1947 Gedichtband *Te lucis ante*, der die Erfahrungen mit Gefängnis und Widerstand verarbeitet, bei Ubaldini, Rom. Arbeit in der Folgezeit als Angestellter im Ministerium, Bibliothekar, Schauspieler etc. Kontakt mit Mario Soldati.

1948 Redakteur der internationalen Zeitschrift *Botteghe oscure*, gegründet von Marguerite Caëtani (bis 1960).

1949 Professor am Istituto Nautico in Neapel. Arbeit an der Erzählung *La passeggiata prima di cena*.

1950 Professor in Velletri. Drehbuchautor beim Film.

1952 Gedichtband *Un'altra libertà* bei Mondadori, Mailand.

1953 Erzählung *La passeggiata prima di cena* bei Sansoni, Florenz.

1955 Erhält den internationalen Prix Veillon für *Gli ultimi anni di Clelia Trotti* (bei Nistri-Lischi, Pisa, erschienen).

1956 *Cinque storie ferraresi* bei Einaudi, Turin. B. erhält den Premio Strega.

1957–67 Professor für Theatergeschichte an der »Accademia nazionale di arte dramatica« in Rom.

1958 *Gli occhiali d'oro* bei Einaudi.

1958–63 Berater und Editionsdirektor bei Feltrinelli, wo er die »Biblioteca di letteratura« herausgibt und den *Gattopardo* von Lampedusa entdeckt.

1960 Beendigung der Mitarbeit an den *Botteghe Oscure*. Eintritt in die Redaktion von *Paragone* (Herausgeber:

Anna Banti und Roberto Longhi). Bei Einaudi erscheinen in erweiterter Fassung die *Storie Ferraresi*. Präsident der Stiftung »Italia Nostra«, die sich um den Erhalt der italienischen Natur- und Kunstdenkmäler kümmert (bis 1975). *Il giardino dei Finzi-Contini* (bei Einaudi) gewinnt den Premio Viareggio.

1963 Gedichtsauswahl aus den Jahren 1942–1950 *L'alba ai vetri* bei Einaudi.

1964 *Dietro la porta* bei Einaudi.

1966 Aufsätze zur Literatur, seit 1944 in verschiedenen Zeitschriften publiziert, unter dem Titel *Le parole preparate*.

1968 *L'airone* bei Mondadori; erhält den Premio Campiello. Für das Gesamtwerk erhält B. den Nelly-Sachs-Preis der Stadt Dortmund.

1972 *L'odore del fieno* erscheint als Abschluß des Ferrareser Romanwerks bei Mondadori.

1974 Gedichtband *Epitaffio* bei Mondadori.

1975 Lehrtätigkeit in den USA (Indiana University).

1978 Gedichtband *In gran segreto* bei Mondadori. Lehrtätigkeit in den USA (Berkeley) und in Kanada (Mac Masters University).

1980 Überarbeitete Fassung des erzählerischen Werks unter dem Titel *Il romanzo di Ferrara* in einem Band bei Mondadori.

1982 Das lyrische Werk wird zusammengefaßt in dem Band *In rima e senza*. 1939–1981. Premio Penna d'oro vom italienischen Staatspräsidenten verliehen.

1983 Premio Bagutta für das lyrische Gesamtwerk.

1984 *Di là dal cuore*, Literaturkritiken und autobiographische Texte bei Mondadori.

Bibliographie

1. Die italienischen Werke und Übersetzungen

Una città di pianura. Milano, Arte Grafica Lucini 1940 (veröffentlicht unter dem Pseudonym Giacomo Marchi als Privatdruck, nicht in den Buchhandel gelangt)
Storie dei poveri amanti e altri versi. Roma, Astrolabio 1945
Te lucis ante. Roma, Ubaldini 1947
Un'altra libertà. Milano, Mondadori 1952
La passeggiata prima di cena. Firenze, Sansoni 1953
Gli ultimi anni di Clelia Trotti. Pisa, Nistri-Lischi 1955
Cinque storie ferraresi. Torino, Einaudi 1956 (deutsch: Ferrareser Geschichten. München, Piper 1964)
Gli occhiali d'oro. Torino, Einaudi 1958 (deutsch: Ein Arzt aus Ferrara. München, Piper 1960, Neuausgabe unter dem Titel: Die Brille mit dem Goldrand. München, Piper 1985)
Le storie ferraresi. Torino, Einaudi 1960 (erweiterte Ausgabe von *Cinque storie ferraresi* von 1956); deutsch: Ferrareser Geschichten. München, Piper 1964, Neuausgabe 1985)
Il giardino dei Finzi-Contini. Torino, Einaudi 1962 (deutsch: Die Gärten der Finzi-Contini. München, Piper 1963, Neuausgabe 1983)
L'alba ai vetri, Poesie 1942–1950. Torino, Einaudi 1963
Dietro la porta. Torino, Einaudi 1964 (deutsch: Hinter der Tür. München, Piper 1967, Neuausgabe 1986)
Le parole preparate e altri scritti di letteratura. Torino, Einaudi 1967
L'airone. Milano, Mondadori 1968 (deutsch: Der Reiher. München, Piper 1970, Neuausgabe 1986)
L'odore del fieno. Milano, Mondadori 1972 (deutsch: Der Geruch von Heu. München, Piper 1974, Neuausgabe 1987)
Epitaffio. Milano, Mondadori 1974
In gran segreto. Milano, Mondadori 1978
Il romanzo di Ferrara. Milano, Mondadori 1980 (eine überarbeitete Zusammenfassung der bisher erschienenen sechs Prosabände zu einem Band; der einleitende erste Teil, die bisherigen *Cinque storie ferraresi*, erhält nun den Titel *Dentro le mura*)
In rima e senza. Milano, Mondadori 1982 (eine Zusammenfassung des lyrischen Werks in einem Band)

Di là dal cuore. Milano, Mondadori 1984 (eine Zusammenfassung des essayistischen und literaturkritischen Werks, einschließlich der »Briefe aus dem Gefängnis« und »Rom, Winter 44, Blätter aus einem wiedergefundenen Tagebuch«)

Die beim R. Piper Verlag erschienenen Übersetzungen ins Deutsche stammen von Herbert Schlüter.

2. Ausgewählte Schriften zum Werk von Giorgio Bassani

Alfred Andersch, Auf den Spuren der Finzi-Contini, in: *Norden, Süden, rechts und links*. Von Reisen und Büchern 1951–1971. Zürich, Diogenes 1972 (geschrieben: 1967)

Ferdinando Camon, Il mestiere di scrittore, in: *Conversazioni critiche*. Milano, Garzanti 1973

Convegno di studi sull'opera di Giorgio Bassani. Contributi su Giorgio Bassani riuniti a cura di André Sempoux. Louvain-la-Neuve 1983

Giusi Oddo De Stefanis, *Bassani entro il cerchio delle sue mura*. Ravenna, Longo 1981

Anna Dolfi, *Le forme del sentimento*. Prosa e poesia in Giorgio Bassani. Padova, Liviana 1981

Anna Folli (Hrsg.), *Vent'anni di cultura ferrarese 1925–1945*. Antologia del Corriere Padano, Vol. I. Bologna, Patròn 1978

Massimo Grillandi, *Invito alla lettura di Giorgio Bassani*. Milano, Mursia 1976

Georges Güntert, Figuren hinter Glas. Zu Giorgio Bassanis Romanzo di Ferrara, in: *Zibaldone* Nr. 2. München, Oktober 1986

ders., Giorgio Bassani, in: J. Hösle/W. Eitel (Hrsg.),*Italienische Literatur der Gegenwart in Einzeldarstellungen*. Stuttgart, Kröner 1974

Alberto Limentani, La narrativa di Giorgio Bassani, in: *Studi novecenteschi VIII*, Nr. 21. Juni 1981

Eugenio Montale, Vita e morte di Micòl, in: *Corriere della Sera*, 1962 (28. 2.)

Walter Moretti (Hrsg.), *La cultura ferrarese fra le due guerre mondiali*. Bologna, Capelli 1980

Pier Paolo Pasolini, La passeggiata prima di cena, in: *Paragone anno IV*, Nr. 44, August 1953

Marylin Schneider, *Vengeance of the victim*. History and symbol in Giorgio Bassani's Fiction. Minneapolis, University of Minnesota Press 1986

Heidemarie Stücker, *Leben hinter Glas: Untersuchungen zum Prosawerk von Giorgio Bassani*. Magisterarbeit, Phil. Fakultät der Universität zu Köln, 1989

Giorgio Varanini, *Giorgio Bassani, »Il castoro«*. Firenze, La Nuova Italia 1975

Nachweis der Texte,
Übersetzungen und Abbildungen

Die Gedichte entstammen dem Band *Epitaffio* (Milano, Mondadori 1974). Die Übertragung der Gedichte besorgte Michael Marschall von Bieberstein. Im Sommer 1991 erscheint in der Serie Piper eine Auswahl der Gedichte Bassanis unter dem Titel »In einem alten italienischen Garten«.

Die Texte: »Briefe aus dem Gefängnis«, »Rom, Winter 44. Blätter aus einem wiedergefundenen Tagebuch«, »Der verratene Garten«, »Auskünfte über mich« und »Einige Auskünfte über mein Werk« sind dem Band *Di là dal cuore* (Milano, Mondadori 1984) entnommen. Aus dem Italienischen von Theo Schumacher.

Der Text von Paolo Ravenna »Eine Schule im Ghetto« ist den *Annali del liceo Ludovico Ariosto* (Ferrara 1974) entnommen. Aus dem Italienischen von Theo Schumacher.

Der Text von Giulio Cattaneo »Il Romanzo di Ferrara« (Eine Einführung in den »Roman von Ferrara«) erschien in dem Sammelband des *Convegno di studi sull' opera di Giorgia Bassani. Contributi su Giorgio Bassani*, herausgegeben von André Sempoux. Louvain-la-Neuve 1983. Aus dem Italienischen von Theo Schumacher.

Das Interview mit Giorgio Bassani, das der Herausgeber im März 1989 in Rom führte, übersetzte Dorette Jensen.

Die fiktive Rekonstruktion von Park und Herrenhaus der Finzi-Contini (Seite 144) ist dem Buch von Marylin Schneider, *Vengeance of the victim* (Minneapolis 1986), entnommen.

Der Stadtplan Ferraras ist aus *Le mura di Ferrara. Immagini e storia*, herausgegeben von Paolo Ravenna (Modena, Edizioni Panini 1985), entnommen.

Die Aufnahmen stammen von:
Enrico Baglioni, Ferrara (Seite 107, 109, 111, 113, 117, 123, 125, 129, 131)
Eberhard Schmidt (Seite 115, 119, 121, 127)

Giorgio Bassani

Die Brille mit dem Goldrand
Erzählung. Aus dem Italienischen von Herbert Schlüter.
106 Seiten. Serie Piper 417

Ferrareser Geschichten
Aus dem Italienischen von Herbert Schlüter.
250 Seiten. Serie Piper 430

Die Gärten der Finzi-Contini
Roman. Aus dem Italienischen von Herbert Schlüter.
358 Seiten. Serie Piper 314

Der Geruch von Heu
Aus dem Italienischen von Herbert Schlüter.
174 Seiten. Serie Piper 693

Hinter der Tür
Roman. Aus dem Italienischen von Herbert Schlüter.
174 Seiten. Serie Piper 386

Der Reiher
Roman. Aus dem Italienischen von Herbert Schlüter.
240 Seiten. Serie Piper 630

PIPER

Federigo Tozzi

Federigo Tozzi, der die Konzeption existentialistischer Weltsicht vorwegnahm, ist neben Pirandello und Svevo der eigentliche Begründer der italienischen Moderne.

Erinnerungen eines Angestellten

Roman. Aus dem Italienischen von Klaus Bochmann und mit einem Nachwort von Johannes Hösle.
86 Seiten. Leinen

Eine Geliebte

Erzählungen. Aus dem Italienischen von Moshe Kahn und Ragni Maria Gschwend. Mit einem Nachwort von Johannes Hösle.
319 Seiten. Serie Piper 1191

Tozzis *Novellen* spielen wie die Romane vorwiegend in seiner Heimatstadt Siena, deren Umgebung und in Rom. Obwohl stilistisch und sprachlich sehr stark vom Idiom der Toskana geprägt, entbehren die Erzählungen jeder idyllischen Verklärung im Stile der Heimatliteratur.

Mit geschlossenen Augen

Roman. Aus dem Italienischen von Ragni Maria Gschwend.
212 Seiten. Geb.

Das Schließen der Augen, diese Blindheit gegenüber dem Leben, ist das offenkundige oder verborgene Leitmotiv der wichtigsten Werke Tozzis. In seinem Roman »Mit geschlossenen Augen« ist die offenkundige Unfähigkeit Pietros, der Wahrheit ins Gesicht zu sehen, die Ursache für das Scheitern der Liebe.

PIPER